애니타임 여행일본어

개정판 GO

함정수 지음

다락원

여는 글

군대를 제대하자마자 바로 떠났던 저의 첫 일본 여행을 떠올려 봅니다. 여행 가기 전날의 그 설레임과 긴장은 아마 평생토록 잊지 못할 것입니다.

여행은 정말 알고 가는 만큼 얻어 오는 것 같습니다. 애니타임 여행일본어에는 저의 오랜 일본 여행 경험을 살려, 일본 첫 여행에서 느끼는 불안감을 해소시킬 수 있는 알짜 표현들과 정보들을 담으려고 노력했습니다. 일본에 가기 전 준비사항부터 위기상황 대처 회화, 귀국 비행기 예약 회화까지 필요한 회화만을 간추려 실었습니다. 그리고 제가 소개해 드리고 싶은 여행지에 대한 설명도 함께 실었습니다. 중간 중간 저의 의견이나 경험담은 참고사항으로 알아두시면 도움이 될 것입니다.

애니타임 여행일본어가 나오기까지 많은 분들이 도와주셨습니다. 먼저, 저의 어설픈 표현들을 예쁘게 다듬어 주신 다락원 일본어출판부께 감사드립니다. 또 일본 여행에 관해 여러 모로 조언을 해 주신 조규호 님, 전유순 님, 김선화 님, 그리고 일본어 교정을 도와주신 고바야시 키키 님, 이노우에 나오코 님께 감사드립니다. 그 밖에 제가 미처 구하지 못한 사진을 제공해 주신 북도호쿠 3현 홋카이도 서울사무소 분들과 간사이 지방 정보를 제공해 주신 여행박사에도 진심으로 감사의 말씀을 드립니다.

애니타임 여행일본어가 일본 여행을 하시는 분들께 조금이라도 도움이 되기를 바랍니다. 즐거운 여행 되세요.

함정수 드림

이렇게 활용하세요

애니타임 여행일본어는 일본인의 발음에 가장 가까운 발음 표기를 채택하여 수록하였습니다. 부록의 일본어 오십음도표를 참조하세요.

1 기본 알기

각 장의 도입 부분에는 기본적인 일본 문화 정보가 실려 있습니다.
일본 여행 시 꼭 필요한 정보들이 사진과 함께 잘 정리되어 있습니다.

2 Plus 정보 & 생생한 현장 정보

현지의 생생한 정보를 제공합니다. 식권 사기, 전철 타기 등의 이용 방법을 사진으로 실었습니다. 일본어를 전혀 모르는 사람도 미리 간접체험을 할 수 있습니다.

중요단어 미리보기

상황별로 필요한 단어를 사진과 함께 보기 쉽게 정리해 놓았습니다.

바로바로 회화

여행지에서 겪을 수 있는 상황별로 나누어 회화표현을 정리해 놓았습니다. 회화 문장에 단어만 바꾸어 말할 수 있는 활용단어도 있으므로, 바로바로 찾아서 적극 활용하도록 하세요!

여행 Tip & 여기서 잠깐 경험담

유용한 여행 Tip과 필자의 일본 여행 경험담이 실려 있습니다.
일본 사람들의 사고방식과 생활문화는 우리나라와 어떻게
다른지 알아보며 더욱 알찬 여행을 즐기세요!

여는 글 3
이렇게 활용하세요 4

Chapter 0
일본 여행을 떠나기 전에 10

Part 1 일본, 알고 떠나자!
일본이란 나라는? 12
일본의 국경일 14

Part 2 여행 준비물 체크리스트
여권 15
항공권 17
그 외에 필요한 여러 가지 18

Part 3 알고 가면 더 재밌는 일본 상식
21

Chapter 1
기본 회화는 알고 떠나자! 24

Part 1 기본 회화 익히기
인사 26
자기소개 30
감사와 사과 32
질문과 대답 34
요구와 허락 37
SOS 39

Part 2 기본 단어 익히기
숫자 42
개수/사람 수 44
월/일 45
요일 46
시간 47
때·계절 48
감정 표현 49

Chapter 2
일본으로 출발 50

Part 1 출국하기
출국 수속에서 탑승까지 52
기내에서 자리 찾기 55
기내식과 기타 서비스 55
SOS 56
착륙 준비 57
중요단어 미리보기 60

- 기내에서 자리 찾기 62
- 기내식과 기타 서비스 63
- SOS 65
- 착륙 준비 66

Part 2 입국하기
입국 수속 68
중요단어 미리보기 70

- 입국 심사 72
- 짐 찾기 74
- 세관 검사 76

Part 3 입국 로비에서

일본 공항에서	78
전화 걸기	79
관광안내소 이용하기	82
도심으로 이동하기	83
중요단어 미리보기	88
바로바로 회화 · 공중전화	89
· 관광안내소	90
· 도심으로 이동하기	91

Chapter 3
숙박하기   92

일본의 다양한 숙박 정보	94
중요단어 미리보기	98
바로바로 회화 · 체크인	100
· 프런트 이용하기	102
· 룸서비스	104
· 클레임	106
· 체크아웃	108

Chapter 4
일본 음식 즐기기   110

일본의 음식 문화	112
중요단어 미리보기	122
바로바로 회화 · 주문할 때	124
· 소바·우동·회전초밥 집에서	128
· 패스트푸드점에서	130

· 술집에서	133
· 계산할 때	136
· 트러블	137

Chapter 5
도심에서 대중교통 이용하기   140

Part 1 전철 타기

일본의 전철	142
중요단어 미리보기	146
바로바로 회화 · 역 찾기	148
· 표 사기	149
· 열차 종류	150
· 승차 및 갈아타기	151
· SOS	153

Part 2 버스 타기

일본의 버스	154
중요단어 미리보기	158
바로바로 회화 · 버스에서	159

Part 3 택시 타기

일본의 택시	162
중요단어 미리보기	166
바로바로 회화 · 택시에서	167

Chapter 6
쇼핑 즐기기　170

- 가볼 만한 쇼핑 장소　172
- **중요단어 미리보기**　178
- 바로바로 회화
  - 쇼핑 장소 찾아가기　180
  - 물건 사기　182
  - 교환, 환불하기　186
  - 옷 가게에서　188
  - 전자상가에서　191
  - 화장품 가게에서　193

Chapter 7
관광 즐기기　194

Part 1 일본 여행 사전 정보
일본 여행 시 필요한 사전 정보　196

Part 2 도쿄 즐기기
도쿄　198

도쿄에서 가볼 만한 곳
- 신주쿠　199
- 하라주쿠　203
- 오다이바　207
- 아키하바라　210
- 우에노　212
- 아사쿠사　214

Part 3 오사카 즐기기
오사카　222

오사카에서 가볼 만한 곳
- 남바·도톰보리　224
- 오사카 비지니스 파크(OBP)　225
- 오사카성·신사이바시　226
- 덴덴타운　227
- 우메다 주변의 백화점과 스카이빌딩　227
- 유니버셜 스튜디오 재팬　228
- 카이유간과 템포잔 하버 빌리지　230

Part 4 교토 즐기기
교토　232

교토에서 가볼 만한 곳
- 교토 역　233
- 키요미즈테라·니시혼간지　234
- 히가시혼간지·료안지·킹카꾸지　235
- 니죠죠·헤이안진구　236

Part 5 나라 즐기기
나라　237

나라에서 가볼 만한 곳
- 호류지　238
- 나라 공원·나라 국립박물관　239
- 사루사와노이케·코후쿠지　240
- 토다이지·카스가타이샤　241

Part 6 코베 즐기기
코베시　242

코베에서 가볼 만한 곳
- 토아로드　242

기타노쵸 광장 주변·난킨마찌	243
메리켄파크	244
히메지성	245

Part 7 홋까이도 즐기기

홋까이도	246

홋까이도에서 가볼 만한 곳

삿뽀로	247
죠잔케이	249
오타루	251
노보리베쯔	252
하코다테	254
중요단어 미리보기	256

바로바로 회화
- 관광지 찾아가기 258
- 관광지에서 260
- 사진 찍기 263

Chapter 8
위급상황 — 266

만일의 사고에 대비하기	268
중요단어 미리보기	270

바로바로 회화
- 분실·도난 272
- 사고 275
- 병·질환 277
- 진찰 279
- 약국 280

Chapter 9
편의시설 이용하기 — 282

우체국	284
은행	285
편의점	286
중요단어 미리보기	288

바로바로 회화
- 우체국에서 290
- 은행에서 292
- 편의점에서 294

Chapter 10
귀국하기 — 296

비행기 예약 확인	298
탑승 수속	299
중요단어 미리보기	300

바로바로 회화
- 비행기 예약·확인하기 301
- 공항 이용 303

Chapter 0
일본 여행을 떠나기 전에

'일본' 하면 어떤 이미지가 떠오르시나요?
'가깝고도 먼 나라' 아마도 이 표현은 누구나 들어 보았겠죠?
'한일 월드컵 공동 개최'와 '일본 내 한류 열풍' 등으로 과거 어느 때보다 문화적 교류가 활발히 전개되고 있는 나라가 바로 일본이 아닐까 싶습니다.
'일본'이라는 나라에 대해 먼저 간단명료하게 짚고 넘어가 볼까요!

Part 1 일본, 알고 떠나자!
Part 2 여행 준비물 체크리스트
Part 2 알고 가면 더 재밌는 일본 상식

Part 1
일본, 알고 떠나자!

✈ 일본이란 나라는?

한국의 동쪽에 위치한 일본은 홋카이도, 혼슈, 시코쿠, 큐슈의 4개의 큰 섬과 6천 8백여 개의 작은 섬으로 이루어져 있습니다. 일본의 최북단은 북위 45° 33′의 에토로후 섬(사실 필자도 어디 있는지 잘 모르겠습니다만)이며 최남단은 북위 20° 25′의 오키노토리 섬이고, 일본 영토의 면적은 37.8만㎢로 우리나라(9.96만㎢)의 3.8배, 한반도의 1.7배 정도입니다. (음, 생각보다 많이 넓군요. 쩝;)

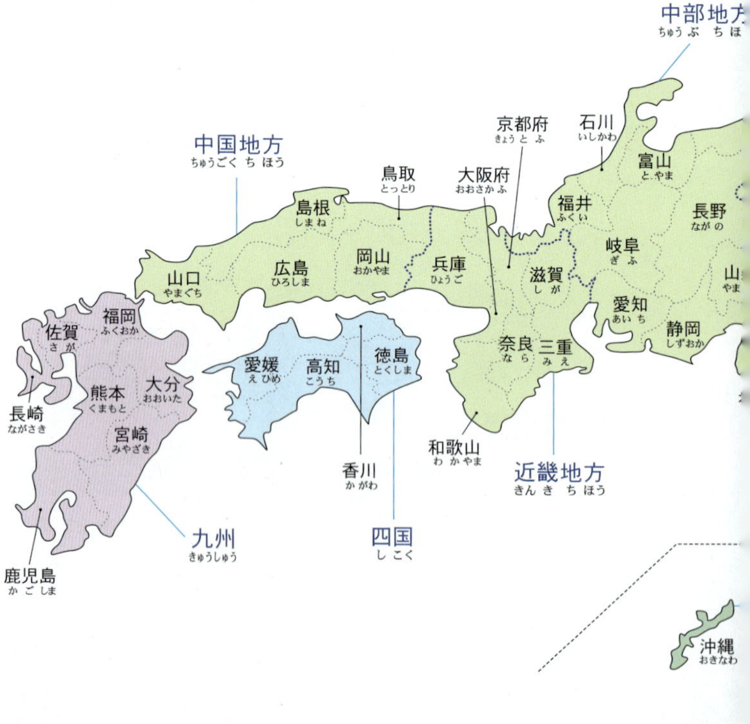

지역은 크게 홋카이도, 토호쿠, 칸토, 츄부, 츄고쿠, 시코쿠, 큐슈 등이 8개 지방으로 이루어져 있으며, 행정구역은 도도부현(都/道/府/県)으로 나뉩니다. 현재는 1도(東京都), 1도(北海道), 2부(京都府・大阪府), 43개 현(県)으로 구성되어 있고, 수도는 도쿄입니다.

일본의 인구는 수도 도쿄를 중심으로 요코하마, 오사카, 나고야, 후쿠오카, 홋카이도 등의 대도시, 소도시에 약 1억 3천만 명이 살고 있어 세계적으로도 인구 밀도가 높은 편입니다.

✈ 일본의 국경일

일본은 국경일이 우리나라보다 많습니다. 국경일 같지 않은 생소한 용어의 국경일도 많아서 다소 의아하기도 하지만, 그저 부러울 따름입니다!

· 1월 1일	설날	· 7월 셋째 월요일	바다의 날
· 1월 둘째 월요일	성인의 날	· 8월 11일	산의 날
· 2월 11일	건국기념일	· 9월 셋째 월요일	경로의 날
· 3월 21일경	춘분	· 9월 23일경	추분
· 4월 29일	쇼와의 날	· 10월 둘째 월요일	체육의 날
· 5월 3일	헌법기념일	· 11월 3일	문화의 날
· 5월 4일	녹색의 날	· 11월 23일	근로 감사의 날
· 5월 5일	어린이날	· 12월 23일	천황탄생일

여행 준비물 체크리스트

 여권

여권은 2005년도 9월 30일부터 사진 부착식에서 사진 전자방식으로 바뀌었습니다. 일반여권은 광역시청, 도청, 자치구에서 발급합니다.

1 여권 종류
- **복수여권(PM)** : 유효기간 중 횟수에 제한없이 여행을 할 수 있는 여권으로 유효기간은 5년~10년임.
- **단수여권(PS)** : 1회만 여행할 수 있는 여권으로 유효기간은 1년임.
- **여행증명서(TS)** : 여권을 대신하는 증명서로 재외공관에서 발급.

2 여권 신청 시 필요 서류
- **본인** : 여권발급신청서, 신분증(주민등록증, 운전면허증, 공무원증, 군인신분증, 여권, 사관생도의 학생증, 장애인증), 여권용 사진 1매
- **대리인** : 본인의 위임증(여권발급신청서 뒷면에 있음), 주민등록증 및 사본, 대리인 주민등록증, 여권 발급 수수료

▲ 대한민국 여권

여권 종류	유효 기간	발급수수료	비고
일반 복수여권	10년	53,000원(48면)	만 18세 이상 (24면 50,000원)
	5년	45,000원(48면)	만 8세 이상~18세 미만 (24면 42,000원)
		33,000원(48면)	만 8세 미만 (24면 30,000원)
	5년 미만	15,000원	만 20~24세 병역미필자만 해당
일반 단수여권	1년	20,000원	1회 여행만 가능 (사진부착식 단수여권 15,000원)
기타		25,000원	잔여유효기간 부여 재발급
		23,000원	유효기간 연장 재발급

3 발급처

- 강남구청 (02)3423-5418
- 강북구청 (02)901-6271~3
- 관악구청 (02)880-3201/3~4
- 구로구청 (02)860-2681/4
- 노원구청 (02)2116-3284
- 동대문구청 (02)2127-4685/90
- 마포구청 (02)3153-8483~4
- 서초구청 (02)2155-6340/9
- 성북구청 (02)920-4400~8
- 양천구청 (02)2620-4354
- 용산구청 (02)2199-6581~4
- 종로구청 (02)2148-1954~5
- 중랑구청 (02)2094-0603
- 대구광역시 (053)803-0114
- 광주광역시 (061)613-2965/8
- 울산광역시 (052)229-2592/6
- 강동구청 (02)3425-5360
- 강서구청 (02)2600-6120/92/29
- 광진구청 (02)450-1450~1
- 금천구청 (02)2627-1162~3
- 도봉구청 (02)2091-6256
- 동작구청 (02)820-1004
- 서대문구청 (02)330-1909/10
- 성동구청 (02)2286-6306
- 송파구청 (02)2147-2330
- 영등포구청 (02)2670-3145~9
- 은평구청 (02)351-6431~5
- 중구청 (02)3396-4149~2
- 부산광역시 (051)120
- 인천광역시 (032)440-2470, 2586
- 대전광역시 (042)600-2197, 2379
- 제주도청 (064)710-2173/6~7
- 기타 여권관련 문의 : 외교통상부 여권과 (02)720-4956, 2100-7578

> **여행 Tip**
> 여권은 국제적인 신분증명서이므로 항상 휴대할 수 있는 가방에 넣어 다니세요. 또, 여권 분실을 대비해서 여권번호와 발급일 등이 나와 있는 앞면 사본을 따로 보관해 두도록 하세요.

4 비자 - 90일 이하 체류 한국인 관광객 및 상용 방문자 면제

일본은 2005년 3월 아이치(愛知) 만국 박람회 개최에 맞춰 일본에 입국하는 한국인 관광객의 단기 비자를 한시적으로 면제한 것을 계기로, 2006년 3월부터 단기비자가 영구 면제됨에 따라 최장 90일까지는 비자를 발급 받지 않아도 됩니다.

항공권

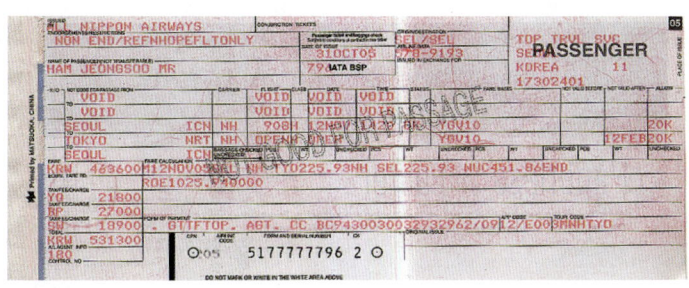

▲ 항공권

1 구입 전 체크 포인트

① 계획한 여행일자가 성수기(주말)인가 비수기(평일)인가?
② 오전에 출발할 것인가 오후에 출발할 것인가?
③ 세금(TAX)이 포함되어 있는 가격인가 아닌가?
④ 오픈티켓인가, 아니면 정해진 일정에서만 쓸 수 있는 항공권인가?

※ 구입 후에도 이름과 날짜, 출발·도착지, 유효기간 등이 제대로 기재되어 있는지 확인해 보시기 바랍니다.

> **여행 Tip**
> - 이용 고객 수가 적은 시간대에 운항하는 매우 저렴한 외국항공사도 있으므로 잘 체크하여 유용하게 이용하도록 하세요.
> - 돌아오는 날짜를 구체적으로 정하지 않고 예약한 항공권을 오픈티켓이라고 합니다. 여행 일정이 유동적일 경우, 정해진 날짜에 돌아와야 하는 티켓보다는 오픈티켓을 구입하여 현지에서 일정을 당기거나 늦출 수 있도록 하는 것이 좋습니다.
> - 항공권 분실을 대비해서 미리 돌아오는 편명과 시간은 물론, 일본 현지 항공사 연락처, 티켓 구매 당시 한국 내 여행사 직원 연락처 등을 반드시 수첩에 적어 두도록 하세요!

그 외에 필요한 여러 가지

1 국제운전면허증

① **구비서류** : 국제운전면허증 신청서 (운전면허시험장 비치), 운전면허증, 여권, 여권용 컬러 사진 1매
② **유효기간** : 발급일로부터 1년
③ **발급처** : 운전면허시험장이나 경찰서

여행 Tip.
일본은 우리나라와는 달리 도로 방향이 정반대이며, 핸들도 우측 핸들임을 염두에 두세요.

2 국제학생증(ISIC : International Student Identity Card)

① **일본 여행 시 혜택 사항** : 각종 학생 할인 혜택이 있음. 자세한 사항은 홈페이지에서 확인(http://www.isic.co.kr)
② **신청자격** : 교육부가 정한 정규 중·고·대학(대학원)에 재학(또는 휴학) 중인 만 12세 이상의 학생, 해외 교육기관의 승인을 받은 유학·연수행
③ **구비서류** : 발급 비용 14,000원, 반명함판 또는 여권용 사진 1매, 학생증빙서류, 신분증
④ **발급처** : KISES(한국국제학생교류회) Office(서울 종로, 부산)와 전국 139개 대학 캠퍼스

3 유스호스텔(Youth Hostel) 회원증

유스호스텔은 많은 외국인들이 이용하므로, 새로운 외국 친구들을 만날 수 있는 국제 교류 및 각종 정보 교환의 장이 되기도 합니다. 원칙적으로는 회원제로 이용하는 숙소이긴 하지만 방문객(Visitor) 요금으로 묵을 수도 있습니다. 단, 회원일 경우에는 조금 싼 가격(약 600엔 정도 할인)으로 이용할 수 있고, 각종 할인 혜택 등도 받을 수 있습니다. 일본에서는 350개의 유스호스텔 이용이 가능하며, 숙박요금은 하루에 3,000엔 전후(식사 별도, 2식 포함 약 4,500엔)입니다.

회원 가입 절차 : 가입신청서를 작성하고 해당 가입비를 지불하면 누구라도 회원 가입이 가능합니다. 회원증 발급처에서 신청할 시는 즉석에서 발급이 되며, 발급처에 갈 수 없는 경우에는 인터넷(http://www.kyha.or.kr)으로 가입하고 가입비는 온라인으로 입금하면 됩니다.
25세 이상 - 33,000원(1년)
24세 이하 - 21,000원(1년)

단, 인터넷 신청 시 우송료는 본인이 부담합니다.

4 해외여행자보험

해외여행자보험은 만일의 사고(상해, 질병, 배상, 휴대품 손해)에 대비하여 드는 것이 좋습니다. 해외여행자보험 가입은 여행사에서 항공권을 구입할 때 할 수도 있고, 인천공항의 출국 로비에도 각 보험 회사들이 있으므로 그곳에서 본인에게 가장 적합한 보험에 가입할 수도 있습니다. 물론 각 보험 회사별로 보험 종류와 금액이 다르므로 미리 체크는 해 두셔야겠죠!

그리고 여행 중 사고 등이 발생할 경우 필요한 서류에는 무엇이 있는지 미리 보험사 직원에게 확인하여 빠짐없이 준비하도록 하세요.

5 환전

환전은 꼭 한국에서 하는 것이 좋습니다. 공항에서도 할 수 있지만 되도록 미리 집 근처에 있는 은행에서 환전해 두도록 하세요. 본인의 주거래 은행이라면 환전 할인율을 좋게 해 주는 경우도 있습니다.

참고로, 일본 공항에서 내려서 전화카드를 구입하거나 음료수 자판기를 이용할 경우를 대비하여, 모두 10,000엔권으로 환전하지 말고 10,000엔쯤은 1,000엔짜리 10장으로 환전하는 정도의 센스 잊지 마시기를!

6 환전 시 도움이 되는 지출 예산 계획

- **식비** : 약 500엔~1,000엔(1식) = 햄버거 세트, 돈가스, 우동, 메밀국수(소바), 라면, 소고기덮밥(규동), 카레라이스 등
- **술값** : 혼자서 술을 마시는 경우는 많이 없겠지만 필자의 경험상 보통 1인당 2,000엔~3,000엔 정도.
- **교통비** : 일본의 교통비는 구간, 거리에 따라 요금이 다릅니다. 따라서 다른 노선으로 갈아탈 경우 선이 다르기 때문에 요금을 또 지불해야 합니다. 여행을 가는 경우에는 여기저기 많이 이동하므로, 교통비는 다음과 같이 넉넉하게 책정하는 것이 좋습니다.
  JR선, 지하철 : 약 200엔(1구간)·보통 1일 1,000엔
  버스 : 약 200엔·초보여행자인 경우에는 전철, 지하철을 이용하는 것이 더 좋을 수도 있어요.
  택시 : 기본요금 약 700엔·택시는 가급적 피하도록. 아껴서 알뜰 여행!

7 짐 꾸리기

짐은 비행기 탑승 시 화물칸에 맡길 수 있는 제한 무게를 고려해서 싸도록 합니다. 보통 이코노미 클래스의 경우에는 약 20kg까지는 무료이며, 초과 시에는 1kg당 별도의 초과요금을 부과하고 있습니다. 그 외 일본에서는 약을 낱개로 판매하지 않으므로 비상용 구급약 정도는 꼭 챙기도록 하세요. 여행 가서 아픈 것만큼 억울한 일은 없습니다.

8 기타 여행 시 필요한 물품

수첩, 볼펜, 치약, 칫솔, 면도기, 샴푸, 로션, 생리용품, 화장품, 여행책자, 비상약품(소화제, 멀미약, 두통약, 밴드 등), 의류(간단히!), 신발(정장용 구두, 일반 평상복용), 카메라(배터리, 필름, 충전용 어댑터, 110V 플러그), 우산, 기념품(간단한 키홀더 등), 사진 2매 정도(여권 등을 분실했을 경우 일본 내 한국재외공관에서 여행증명서 재발급 시 필요)

Part 3
알고 가면 더 재밌는 일본 상식

1 전압

일본의 전압은 우리나라(220V)와는 다른 110V입니다. 요즘에는 디지털카메라를 가지고 가는 경우가 많은데, 카메라 배터리가 닳아서 충전을 하려고 해도 충전용 배터리의 플러그가 달라 충전을 못하는 경우가 비일비재합니다. 플러그인 110V 구입은 필수!

2 화폐

일본의 통화 단위는 엔(¥)입니다. 주화는 1엔, 5엔, 10엔, 50엔, 100엔, 500엔의 여섯 종류가 있으며, 10엔, 50엔, 100엔, 500엔짜리 동전이 주로 사용됩니다. 지폐는 1천 엔, 5천 엔, 1만 엔이 있습니다.

3 시차

일본은 우리나라가 시차가 없습니다. 다만 일출, 일몰이 1시간 빠른 정도입니다.

4 기후

일본의 기후는 우리나라와 거의 같습니다. 다른 점이 있다면, 여름의 경우 도쿄, 나고야, 오사카, 교토 등지는 우리나라보다 덥기도 덥고, 특히 습기가 많아 아주 고생스럽다는 점이지요. 일본 최북단 홋카이도의 경우, 여름철에는 비가 적게 오지만 겨울에는 눈이 많이 내리기로 유명하고, 큐슈 지역은 여름철에 태풍권의 영향을 자주 받는 편입니다.

5 물건 구입 시 세금 부가

일본 음식점에서 음식을 먹을 때나 편의점에서 물건을 구입할 때 영수증을 가만히 살펴보면 소비세 5%가 붙는다는 것을 알 수 있습니다. 예를 들어, 100엔이라고 적혀 있는 물건을 구입할 때는 100엔이 아닌, 105엔을 내야 한답니다. (소비세가 2014년 4월 1일부터 8%로, 2017년 4월 1일부터 10%로 오를 예정)

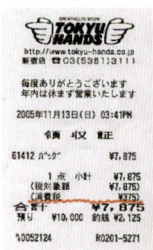

6 다양한 기능성 자판기

일본은 제조기술 왕국답게 자판기의 종류와 기능이 다양합니다. 음료수, 담배, 책, 성인용품, 선물용 꽃 자판기 등 일반적인 상상을 뛰어넘는 기능성 자판기들을 일본 여행 중 쉽게 볼 수 있을 것입니다.

7 일본 음식

일본으로 여행을 온 만큼 일본 음식 체험도 적극적으로 권합니다. 배낭 여행자에게는 비교적 값싼 초밥, 일본 라면, 일본 우동, 돈가스, 오므라이스, 햄버거 등이 짧은 여행 중에 즐길 수 있는 주 메뉴겠지요. 가격은 라면, 우동, 돈가스, 오므라이스 등은 기본적으로 500엔~1,000엔 정도, 회전초밥인 경우에는 한 접시당 - 접시 색깔에 따라 가격이 다르지만 - 보통 100엔짜리가 많습니다. 초밥 10개 먹으면 1,000엔 정도.

도움이 될 만한 일본 내 주요 연락처

- 경찰 110

〈여권을 분실했을 때〉
- 주일한국대사관 : 03-3452-7611/9 긴급전화 (휴일) : 03-6400-0736
- 주오사카총영사관 : 06-6213-1401~5
- 주삿포로총영사관 : 011-218-0288 긴급전화 : 080-1971-0288

〈항공권을 분실했을 때〉
- 대한항공 : 도쿄 03-5443-3351 오사카 06-6263-8878 삿포로 011-281-2064
- 아시아나항공 : 도쿄 03-6268-8580 오사카 06-6282-1883
- JAL : 도쿄 03-5460-0522 오사카 06-6344-2355 삿포로 011-232-3690
- ANA : 도쿄 03-5435-0333 오사카 06-6372-1212 삿포로 011-281-1212

Chapter 1
기본 회화는 알고 떠나자!

초보여행자라도 몇 가지 표현만 적절하게 잘 사용하면 일본 여행에 어려움이 없으리라 생각됩니다. 어려운 단어를 구사하는 것보다 간단하게 필요한 표현만 시도해 보세요! 어설프게 어려운 표현을 쓰려다가 오히려 긴장돼서 땀만 더 날지도 모릅니다.
차근차근 쉬운 표현부터 자기 것으로 만드는 편이 좋습니다.

- Part 1 기본 회화 익히기
- Part 2 기본 단어 익히기

Part 1
기본 회화 익히기

인사

💬 안녕하세요.

　오하요-고자이마스
　(아침) おはようございます。

> 일본은 아침·점심·저녁에 하는 인사말이 다릅니다.

　곤-니치와
　(점심) こんにちは。

　곰-방-와
　(저녁) こんばんわ。

💬 처음 뵙겠습니다.
　하지메마시떼
　はじめまして。

💬 아무쪼록 잘 부탁드리겠습니다.
　도-조 요로시꾸 오네가이시마스
　どうぞ　よろしく　お願いします。
　　　　　　　　　　　ねが

💬 잘 부탁드립니다.
요로시꾸 오네가이시마스
よろしく お願いします。
ねが

친한 사이라면
💬 잘 부탁해.
요로시꾸
よろしく。

> 친한 사이나 손아랫사람 등에게 격의없이 인사할 때 씁니다.

기본 회화

💬 저야말로 잘 부탁드리겠습니다.
코찌라꼬소 요로시꾸 오네가이시마스
こちらこそ よろしく お願いします。
ねが

💬 저야말로.
코찌라꼬소
こちらこそ。

💬 오래간만입니다.
오히사시부리데스
おひさしぶりです。

친한 사이라면
💬 오랜만이야.
히사시부리
ひさしぶり。

💬 안녕히 가세요.

　　사요-나라
　　さようなら。

　　시쯔레-시마스
　　しつれいします。

> 원래는 '실례하겠습니다'라는 뜻으로, 헤어질 때 인사로도 많이 씁니다.

💬 다음에 만나요.

　　마따 아이마쇼-
　　また　会いましょう。

　　마따 콘-도
　　また　今度。

친한 사이라면
💬 그럼 안녕.

　　쟈-네
　　じゃあね。

친한 사이라면
💬 또 보자.

　　마따네
　　またね！

💬 안녕히 주무세요.

　　오야스미나사이
　　おやすみなさい。

친한 사이라면
💬 잘 자.
오야스미
おやすみ。

💬 실례합니다. (다른 사람의 집이나 방에 들어갈 때)
오쟈마시마스
おじゃまします。

기본
회화

자기소개

💬 처음 뵙겠습니다.
하지메마시떼
はじめまして。

💬 성함이 어떻게 되세요?
오나마에와 난-데스까
お名前は 何ですか。
　なまえ　　なん

💬 저는 함정수라고 합니다.
와타시와 함정수또 모-시마스
私は ハムジョンスと 申します。
わたし　　　　　　　　　もう

💬 함정수입니다.
함정수데스
ハムジョンスです。

💬 함입니다.
함데스
ハムです。

> 일본인들은 남의 이름을 말할 때 이름 전체를 말하지 않고 성(姓)에 「さん(~씨)」을 붙여 부릅니다.

💬 한국에서 왔습니다.

캉-꼬꾸까라 키마시따
韓国から 来ました。

💬 만나서 반갑습니다.

오아이데키떼, 우레시-데스
お会いできて、うれしいです。

기본
회화

💬 저도 만나서 반갑습니다.

와타시모 오아이데키떼, 우레시-데스
私も お会いできて、うれしいです。

> 「お会いできて、うれしいです」는
> 오래전부터 보고 싶었던 사람을 만나서
> 반가움을 표현할 때 주로 씁니다.

감사와 사과

💬 감사합니다. 고맙습니다.

도-모 아리가또-고자이마스
どうも ありがとうございます。

아리가또-고자이마스
ありがとうございます。

도-모
どうも。

아리가또-
ありがとう。

> 격식을 차리지 않아도 될 때에는 이렇게 줄여서 말합니다.

💬 아니요, 별 말씀을요.

도-이따시마시떼
どういたしまして。

이-에 이-에
いいえいいえ。

> 줄여서 「いえいえ」라고도 합니다.

💬 신세를 많이 졌습니다.

오세와니 나리마시따
お世話に なりました。
　せ わ

💬 미안합니다. 죄송합니다.

모-시와케 고자이마셍-
申し訳 ございません。
もう わけ

모-시와케 아리마셍-
申し訳 ありません。
もう わけ

모-시와케 나이데스
申し訳 ないです。
もう わけ

스미마셍-
すみません。

고멘-나사이
ごめんなさい。

💬 괜찮아요.

다이죠-부데스
大丈夫です。
だいじょう ぶ

💬 실례했습니다

시쯔레-시마시따
失礼しました。
しつれい

질문과 대답

질문 표현

💬 일본에 언제 왔습니까?
   니혼-니 이쯔 키마시따까
   日本に いつ 来ましたか。

💬 화장실은 어디에 있어요?
   토이레와 도꼬데스까
   トイレは どこですか。

💬 저 사람은 누구예요?
   아노 히또와 다레데스까
   あの 人は だれですか。

💬 이것은 무엇입니까?
   코레와 난-데스까
   これは 何ですか。

💬 무엇을 좋아하세요?
   나니가 스키데스까
   何が 好きですか。

💬 왜요?
   도-시떼데스까
   どうしてですか。

💬 얼마예요?
   이꾸라데스까
   いくらですか。

기본 회화

대답 표현

💬 네.
   하이
   はい。

💬 아니요.
   이-에
   いいえ。

💬 그렇습니다.
   소-데스
   そうです。

💬 틀려요.
   치가이마스
   ちがいます。

💬 알겠습니다.
　　와까리마시따
　　わかりました。

💬 모르겠습니다.
　　와까리마셍-
　　わかりません。

여행 Tip: 자주 쓰이는 의문사 정리

언제	어디	누구	무엇	왜	얼마
이쯔	**도꼬**	**다레**	**난-/나니**	**도-시떼**	**이꾸라**
いつ	どこ	だれ	何 なん/なに	どうして	いくら

요구와 허락

💬 물 좀 주실래요?

오미즈 모라에마스까
お水、もらえますか。
　みず

💬 오렌지 주스 주세요.

오렌-지쥬-스오 오네가이시마스
オレンジジュースを　お願いします。
　　　　　　　　　　　　ねが

💬 화장실에 다녀와도 될까요?

토이레니 잇떼 키떼모 이이데스까
トイレに　行って　来ても　いいですか。
　　　　　い　　　き

💬 조금 천천히 말씀해 주세요.

> 아래로 내려 갈수록 정중한 표현입니다.

모-스꼬시 육꾸리 하나시떼 쿠다사이
もう少し、ゆっくり　話して　ください。
　　すこ　　　　　　　　はな

모-스꼬시 육꾸리 하나시떼 모라에마스까
もう少し、ゆっくり　話して　もらえますか。
　　すこ　　　　　　　　はな

모-스꼬시 육꾸리 하나시떼 이따다께마스까
もう少し、ゆっくり　話して　いただけますか。
　　すこ　　　　　　　　はな

💬 좋습니다.
　　이이데스
　　いいです。

💬 물론이에요.
　　모찌론-데스
　　もちろんです。

💬 네, 그렇게 하세요.
　　하이, 도-조
　　はい、どうぞ。

💬 괜찮습니다.
　　켁꼬-데스
　　けっこうです。　　　거절, 사양의 의미를 나타냅니다.

SOS

💬 도와주세요!

타스께떼 쿠다사이

助けて ください。
_{たす}

💬 도와줘!

타스께떼

助けて！
_{たす}

💬 누구 없어요!

다레까

だれか！

> 급한 상황일 때
> 「だれか いませんか(다레까 이마셍-까)」를
> 짧게 줄여 이렇게 말합니다.

💬 도둑이야!

도로보-

泥棒！
_{どろぼう}

💬 불이야!

카지다

火事だ！
_{かじ}

💬 파출소는 어디 있습니까?

코-방-와 도꼬니 아리마스까

交番は どこに ありますか？
_{こうばん}

💬 경찰을 불러 주세요.

케-사쯔오 욘-데 쿠다사이
警察を 呼んで ください。
けいさつ　　よ

💬 길을 가르쳐 주시겠어요?

미찌오 오시에떼 쿠다사이마셍-까
道を 教えて くださいませんか。
みち　　おし

💬 지갑을 잃어버렸습니다.

사이후오 나꾸시마시따
財布を なくしました。
さいふ

💬 여권을 잃어버렸습니다.

파스뽀-또오 나꾸시마시따
パスポートを なくしました。

 **필자가 일본에 처음 갔을 때의 에피소드**

길을 몰라 헤매고 있을 때였습니다.
목적지에는 빨리 가야 하는데 길은 모르겠고, 발을 동동 구르다가 용기를 내어 더듬더듬 일본어로 길을 물었는데……! 아니, 열에 아홉은 그냥 휙 지나가는 것이 아니겠습니까?
'이런 인정머리 없는 사람들 같으니……. 길 좀 물어보려는데 도망은 왜 가는 거야?' 이렇게 속으로 씩씩거리고 있을 때 다행히 아주 친절한 사람을 만나 쉽게 길을 찾았던 기억이 있습니다.
훗날 이 얘기를 주위 사람들에게 했더니, 대부분 "그 얼굴을 들이댔으니 안 도망가는 사람이 어디 있어?", "거지인 줄 알았나 보다." 뭐 이런 반응을 보이더군요.
이 경험을 통해서 초보 여행자는 길을 물을 때 가능하면 지도를 펼쳐 보이면서 물어보는 것이 좋다는 점을 깨달았습니다.
다짜고짜 "저기, 죄송한데요(あのう、すみません)" 하고 말을 걸면, 그냥 지나쳐 버리는 사람들이 대부분입니다. 왜냐하면 일본은 길거리에서 전단지 휴지다 하면서 나눠주는 사람들이 워낙 많아서 으레 그런 사람이겠거니 생각하고 지나가는 경우가 많기 때문입니다.
아무튼 그때 이후부터는 생소한 지역에 가서 길을 물을 때 지도를 보여 주면서 말을 거는 습관이 생겼답니다.

Part 2
기본 단어 익히기

숫자

0	1	2	3
레-/제로	이찌	니	상-
れい / ゼロ	いち	に	さん

4	5	6	7
시/욘	고	로꾸	시찌/나나
し / よん	ご	ろく	しち / なな

8	9	10	11
하찌	큐-	쥬-	쥬-이찌
はち	きゅう	じゅう	じゅういち

12	20	30	40
쥬-니	니쥬-	산-쥬-	욘-쥬-
じゅうに	にじゅう	さんじゅう	よんじゅう

50	60	70	80
고쥬-	로꾸쥬-	나나쥬-	하찌쥬-
ごじゅう	ろくじゅう	ななじゅう	はちじゅう

90	100	200	300
큐-쥬-	햐꾸	니햐꾸	삼-뱌꾸
きゅうじゅう	ひゃく	にひゃく	さんびゃく

400	500	600	700
용-햐꾸	고햐꾸	록빠꾸	나나햐꾸
よんひゃく	ごひゃく	ろっぴゃく	ななひゃく

800	900	1000	2000
합빠꾸	큐-햐꾸	셍-	니셍-
はっぴゃく	きゅうひゃく	せん	にせん

기본 회화

3000	4000	5000	6000
산-젱-	욘-셍-	고셍-	록-셍-
さんぜん	よんせん	ごせん	ろくせん

7000	8000	9000	10000
나나셍-	핫셍-	큐-셍-	이찌망-
ななせん	はっせん	きゅうせん	いちまん

20000	30000	40000	50000
니망-	삼-망-	욤-망-	고망-
にまん	さんまん	よんまん	ごまん

60000	70000	80000	90000
로꾸망-	나나망-	하찌망-	큐-망-
ろくまん	ななまん	はちまん	きゅうまん

100000
쥬-망-
じゅうまん

개수

한 개 **히토쯔** ひとつ(一つ)	두 개 **후타쯔** ふたつ(二つ)	세 개 **밋쯔** みっつ(三つ)	네 개 **욧쯔** よっつ(四つ)
다섯 개 **이쯔쯔** いつつ(五つ)	여섯 개 **뭇쯔** むっつ(六つ)	일곱 개 **나나쯔** ななつ(七つ)	여덟 개 **얏쯔** やっつ(八っつ)
아홉 개 **코꼬노쯔** ここのつ(九つ)	열 개 **토-** とお(十)	몇 개 **이쿠쯔** いくつ	

사람 수(~人)

한 사람 **히토리** ひとり(一人)	두 사람 **후타리** ふたり(二人)	세 사람 **산-닝-** さんにん(三人)	네 사람 **요닝-** よにん(四人)
다섯 사람 **고닝-** ごにん(五人)	여섯 사람 **로꾸닝-** ろくにん(六人)	일곱 사람 **시찌닝-** しちにん(七人)	여덟 사람 **하찌닝-** はちにん(八人)
	아홉 사람 **큐-닝, 쿠닝-** きゅうにん、くにん(九人)	열 사람 **쥬-닝-** じゅうにん(十人)	몇 명 **난-닝-** なんにん(何人)

월(〜月)

1월 이치가쯔 いちがつ	2월 니가쯔 にがつ	3월 상-가쯔 さんがつ	4월 시가쯔 しがつ
5월 고가쯔 ごがつ	6월 로꾸가쯔 ろくがつ	7월 시치가쯔 しちがつ	8월 하찌가쯔 はちがつ
9월 쿠가쯔 くがつ	10월 쥬-가쯔 じゅうがつ	11월 쥬-이찌가쯔 じゅういちがつ	12월 쥬-니가쯔 じゅうにがつ
몇 월 낭-가쯔 なんがつ			

기본 회화

일(〜日)

1일 츠이타찌 ついたち	2일 후쯔까 ふつか	3일 믹까 みっか	4일 욕까 よっか
5일 이쯔까 いつか	6일 무이까 むいか	7일 나노까 なのか	8일 요-까 ようか
9일 코꼬노까 ここのか	10일 토-까 とおか	11일 쥬-이찌니찌 じゅういちにち	12일 쥬-니니찌 じゅうににち

13일	14일	15일	16일
쥬-산-니찌	쥬-욕까	쥬-고니찌	쥬-로꾸니찌
じゅうさんにち	じゅうよっか	じゅうごにち	じゅうろくにち
17일	18일	19일	20일
쥬-시찌니찌	쥬-하찌니찌	쥬-쿠니찌	하쯔카
じゅうしちにち	じゅうはちにち	じゅうくにち	はつか
21일	22일	23일	24일
니쥬-이치니찌	니쥬-니니찌	니쥬-산-니찌	니쥬-욕까
にじゅういちにち	にじゅうににち	にじゅうさんにち	にじゅうよっか
25일	26일	27일	28일
니쥬-고니찌	니쥬-로꾸니찌	니쥬-시찌니찌	니쥬-하찌니찌
にじゅうごにち	にじゅうろくにち	にじゅうしちにち	にじゅうはちにち
29일	30일	31일	몇 일
니쥬-쿠니찌	산쥬-니찌	산쥬-이찌니찌	난-니찌
にじゅうくにち	さんじゅうにち	さんじゅういちにち	なんにち

요일(〜曜日)

월요일	화요일	수요일	목요일
게쯔요-비	카요-비	스이요-비	모꾸요-비
げつようび	かようび	すいようび	もくようび
금요일	토요일	일요일	무슨 요일
킹-요-비	도요-비	니찌요-비	낭-요-비
きんようび	どようび	にちようび	なんようび

시간(～時、～分)

1시 이찌지 いちじ	2시 니지 にじ	3시 산-지 さんじ	4시 요지 よじ
5시 고지 ごじ	6시 로꾸지 ろくじ	7시 시찌지 しちじ	8시 하찌지 はちじ
9시 쿠지 くじ	10시 쥬-지 じゅうじ	11시 쥬-이찌지 じゅういちじ	12시 쥬-니지 じゅうにじ
5분 고훙- ごふん	10분 즙뿡- じゅっぷん	15분 쥬-고훙- じゅうごふん	20분 니즙뿡- にじゅっぷん
25분 니쥬-고훙- にじゅうごふん	30분 산-즙뿡- さんじゅっぷん	35분 산-쥬-고훙- さんじゅうごふん	40분 욘-즙뿡- よんじゅっぷん
45분 욘-쥬-고훙- よんじゅうごふん	50분 고즙뿡- ごじゅっぷん	55분 고쥬-고훙- ごじゅうごふん	몇 분 남-뿡- なんぷん(何分)

기본 회화

때·계절

어제 키노- きのう(昨日)	오늘 쿄- きょう(今日)	내일 아시따 あした(明日)	아침 아사 あさ(朝)
점심 히루 ひる(昼)	저녁 방- ばん(晩)	저녁, 밤 요루 よる(夜)	오전 고젱- ごぜん(午前)
오후 고고 ごご(午後)	지난주 센-슈- せんしゅう (先週)	이번 주 콘-슈- こんしゅう (今週)	다음 주 라이슈- らいしゅう (来週)
조금 전 삭끼 さっき	지금 이마 いま(今)	이제 곧 모-스구 もうすぐ	나중에 아또데 あとで(後で)
봄 하루 はる(春)	여름 나쯔 なつ(夏)	가을 아키 あき(秋)	겨울 후유 ふゆ(冬)

감정 표현

기쁘다 **우레시-** うれしい	즐겁다 **타노시-** たのしい	재미있다 **오모시로이** おもしろい	기분 좋다 **키붕-가 요이** きぶんがよい
기분 나쁘다 **키붕-가 와루이** きぶんがわるい	좋아하다 **스키다** すきだ	부럽다 **우라야마시-** うらやましい	섭섭하다 **잔-넨-다** ざんねんだ
쓸쓸하다 **사비시-** さびしい	무섭다 **코와이** こわい	화가 나다 **하라가 타쯔** はらがたつ	답답하다 **이키구루시-** いきぐるしい
우습다 **오카시- / 콕케-다** おかしい / こっけいだ	행복하다 **시아와세다** しあわせだ	흥분하다 **코-훈-스루** こうふんする	감동하다 **칸-도-스루** かんどうする
그저 그렇다 **마-마-다** まあまあだ	사랑하다 **아이시떼이루** あいしている	싫어하다 **키라이다** きらいだ	질투하다 **싯또스루** しっとする
만족하다 **만-조꾸스루** まんぞくする	슬프다 **카나시-** かなしい	괴롭다 **츠라이** つらい	실망하다 **각카리스루** がっかりする
분하다 **쿠야시-** くやしい	놀라다 **오도로꾸** おどろく	참다 **가만-스루** がまんする	

기본 회화

Chapter 2
일본으로 출발

탑승권을 보여 주시겠습니까?

搭乗券を 見せて ください。
とうじょうけん　　み

토-죠-켕-오 미세떼 쿠다사이

드디어 출국일입니다. 대부분은 인천공항을 통해 국제선을 이용하지만, 김포-하네다 노선을 이용한다면 김포공항으로 이동해야 합니다. 어느 공항이든 도심에서 멀리 떨어진 곳에 위치하고 있으므로, 미리미리 공항까지 가는 데 걸리는 소요시간을 확인하여 적어도 출발 2시간 전에는 도착하도록 합시다.
자, 그럼 일본으로 출발해 볼까요!

- Part 1 출국하기
- Part 2 입국하기
- Part 3 입국 로비에서

Part 1
출국하기

✈ 출국 수속에서 탑승까지

1 공항 도착

공항에는 늦어도 출발 시간 2시간 전까지 도착하도록 합니다. 도착한 후 출입국신고서를 작성하고 해당 항공사 카운터에 가서 탑승 수속을 합니다.

▲ 인천공항 내부

\#
출입국신고서는 여행사에서 항공권 티켓 예매 시 받는 것이 기본인데, 혹시 못 받았더라도 해당 항공사 카운터 및 부근 비치대에 많이 비치되어 있으니까 당황하지 말고 차분히 찾아서 기재하세요.

▲ 대한민국 출입국신고서

2 병무 신고

남자에게만 해당하는 사항으로 병역 미필자는 반드시 병무신고를 해야 합니다.

▲ 공항 내 병무신고처 안내 표지판

- **병무신고 대상자**: 병역을 마친 사람이나 제2국민역은 신고할 필요가 없으며, 병역 미필자는 사전에 병무청에 신고를 해야 국외여행을 할 수 있습니다.
- **문의전화 안내**: 전국 어디서나 1588-9090 (병무민원상담 0번)
- **병무청 홈페이지**: www.mma.go.kr

3 탑승 수속 및 짐 맡기기

항공권과 여권을 제시합니다. 이때, 창가 혹은 통로 쪽 중 원하는 자리를 선택할 수 있습니다. 그러나 너무 늦게 공항에 도착한 경우에는 그냥 주는 자리에 앉아야 할 지도…….

그래도 혹시 모르니 슬쩍 "창가 자리 있어요?"라고 물어볼까요?

그리고 좀 넓은 자리를 원한다면 비상구 앞 좌석을 요청해도 좋습니다.

\#
짐 맡기기: 이코노미 클래스의 경우 짐은 약 20kg까지 무료로 화물칸에 맡길 수 있습니다.

▲ 탑승 수속 카운터

4 출국장 입장

여권, 탑승권을 제시하세요.

5 출국 보안 검사

모든 여행자는 보안 검사를 받습니다. 소지한 휴대품 검사를 간편하게 통과하기 위하여 재킷 같은 윗옷은 미리 벗고, 주머니 속의 휴대품도 모조리 꺼내서 바구니에 담으세요. 간혹 가방에서 본인도 잊고 있던 칼 등 위험 품목이 발견될 경우도 있는데, 그럴 때는 휴대가방 안의 내용물을 다 꺼내야 하는 상황이 발생할 수도 있습니다. 그러므로 신속한 보안 검사를 위해 미리 위험물질이 없는지 확인 및 신고하도록 합시다.

▲ 출국장 입구

▲ 출국심사대

6 출국 심사

여권, 탑승권, 출국신고서를 제시하세요.

7 탑승

출국심사대를 빠져나온 다음에는, 탑승권에 적힌 탑승번호를 보고 탑승 시간 30분 전에 탑승 준비를 하도록 합시다.

#
탑승 시간 전까지 시간적인 여유가 있는 경우에는 면세점에서 쇼핑을 할 수도 있겠죠. 일본 입국 시 면세 허용 범위는 일본 담배 200개비와 외국 담배 200개비, 술 3병(1병 760ml), 향수 2온스로 한정되어 있다는 점을 기억하세요. 면세 허용 범위를 초과할 때에는 일본 공항 세관에 세관 신고를 해야 합니다. 단, 귀국 시 담배 면세 허용 범위는 200개비입니다.

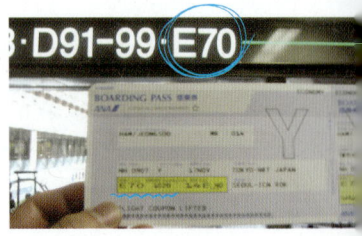
▲ 탑승권을 보고 탑승게이트를 확인

✈ 기내에서 자리 찾기

본인의 탑승권을 보면 좌석번호가 적혀 있습니다. 비행기 좌석 위에 있는 선반에 좌석번호가 기재되어 있지만, 혹시 자리를 못 찾을 경우에는 승무원에게 물어봐야겠지요.

▲ 이코노미 클래스 탑승권

✈ 기내식과 기타 서비스

◀ 기내식

일본으로 가는 비행기에서는 기내식을 제공합니다. 일본의 물가가 비싼 것을 감안한다면 배낭 여행자들에게는 기내식으로 한 끼 식사비를 절약하는 셈이지요. 남기지 말고 싹싹 다 먹어 두세요.

간혹 기내 음료로 제공되는 맥주를 과음하는 사람들을 종종 봅니다만, 고공에서의 지나친 음주는 사고로 이어질 수 있으니 공짜라고 너무 많이 마시지 말고 적당히 마시세요. 또 일부 여행객 중에는 맥주가 공짜라고 가지고 갈 요량으로 추가 요청을 하지만, 대부분 뚜껑을 따서 주니까 전혀 소용없는 일이라는 걸 알아두시길 바랍니다. 안 마실 수도 없고 마실 수도 없는 난처한 상황은 연출하지 마시기를! 그리고 기내에는 한국 신문과 잡지, 일본 신문이 비치되어 있으므로 신문이나 잡지를 보고 싶다면 승무원에게 요청하세요. 탑승구 입구에 신문이 종류별로 놓여 있으므로 비행기를 탈 때 골라서 들고 들어가도 됩니다.

✈ SOS

비행기를 타기 전에 본인의 몸 컨디션을 미리 잘 조절해 두어야 하지만, 기내에서 발생할 수 있는 다급한 상황을 예방하는 차원에서 몇 가지 설명하겠습니다.

첫째, 탑승 전에 화장실은 꼭 다녀오시길. 기내 화장실은 많은 사람들이 공동으로 사용하기도 하고, 또한 빈번히 이용하게 되면 통로 측에 앉은 사람에게 미안할 수도 있으니 미리 볼일을 보고 탑승하는 것이 편합니다.
둘째, 멀미가 있는 사람은 비행기 탑승 전에 멀미약을 먹어 두는 편이 좋겠지요.
셋째, 기본적으로 필요한 구급약(멀미약, 두통약, 소화제, 감기약, 연고 등)은 꼭 챙기도록 하세요.

✈ 착륙 준비

착륙하기 전에 입국신고서를 미리 작성해 두세요.

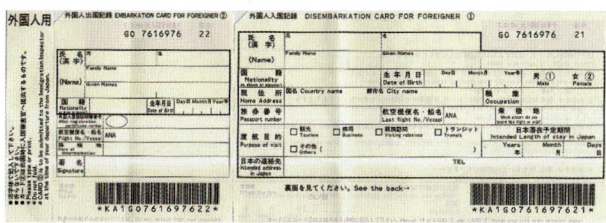

▲ 일본 입국신고서 앞면

▼ 일본 입국신고서 뒷면

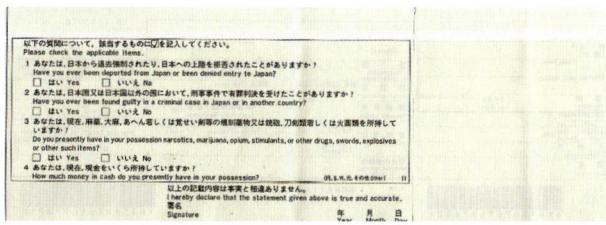

입국신고서는 보통 항공권 구매 시 여행사로부터 받게 되지만, 혹시 못 받았다면 좌석 앞의 좌석주머니를 확인하시고, 좌석주머니에도 없을 경우에는 승무원에게 요청하세요. 대개 요청하기 전에 승무원이 나누어 주기도 합니다.

작성할 때는 한자(일본어) 혹은 영어로 기입하고, 일본에서의 연락처(숙박하는 곳)와 일본에 온 목적을 정확하게 기입하도록 합니다.

또 뒷면에 간단한 질문 사항이 있습니다. 질문 내용은,

1. 일본 입국이 거부된 적 있는지
2. 일본 또는 외국에서 형사사건으로 유죄판결을 받은 적 있는지
3. 현재 마약, 대마초, 총포, 칼 등을 소지하고 있는지
4. 현재 소지한 현금은 얼마 정도인지

의 4가지입니다. 작성 후에는 서명과 날짜를 기입합니다.

비행기 기내 둘러보기

좌석 앞에는 면세품 쇼핑 가이드북과 이어폰, 입국신고서 등이 비치되어 있습니다.

항공사별로 서비스는 다르겠지만, 좌석 앞에 영화, 게임 등을 즐길 수 있는 모니터 화면이 있는 경우도 있습니다. (좌석의 팔걸이 부분에 리모컨이 있음)

기내식 서비스가 끝난 다음에는 승무원들이 기내에서 면세품 판매를 합니다.

기내 화장실은 맨 뒤나 중간쯤에 있으며, 화장실 안에 사람이 있는지 없는지는 화장실 문에 있는 표시로 알 수 있습니다. 사람이 있으면 使用中(Occupied)에, 사람이 없으면 空き(Vacant)에 불이 들어옵니다. ベルト着用(Fasten Seat Belt)라는 좌석벨트 착용 사인이 켜져 있는 동안은 화장실을 사용하지 못하며, 화장실에 있는 동안 이 사인이 켜지면 빨리 자리로 돌아가서 좌석벨트를 매야 합니다.

▲ 화장실 내 금연 표시

기내에서는 장소 불문하고 절대 금연입니다. 길어야 2시간에서 2시간 반 정도인 비행 시간을 못 참고 간혹 화장실에서 흡연을 하는 사람도 있는 듯한데 반드시 금연하도록 합시다!

출발

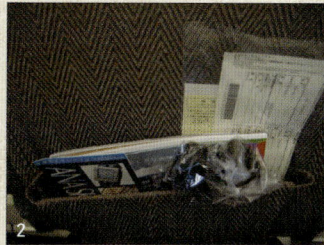

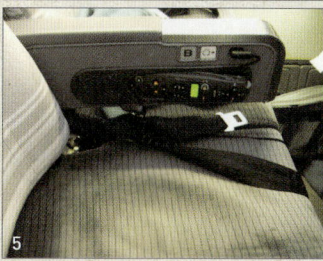

1 기내 화장실 문의 표시
2 좌석 앞주머니
3 좌석 모니터
4 면세품 가이드
5 리모트 컨트롤

사진과 함께 중요단어 미리보기

기장
키쵸-
機長
きちょう

승무원
죠-무잉-
乗務員
じょうむいん

탑승권
토-죠-켕-
搭乗券
とうじょうけん

좌석번호
자세끼방-고-
座席番号
ざせきばんごう

신문
심-붕-
新聞
しんぶん

잡지
잣시
雑誌
ざっし

창가
마도가와
窓側
まどがわ

통로 측
츠-로가와
通路側
つうろがわ

비상구
히죠-구찌
非常口
ひじょうぐち

안전벨트
시-또베루또
シートベルト

이륙
리리꾸
離陸
りりく

기내식
키나이쇼꾸
機内食
きないしょく

닭고기
토리니꾸
鶏肉
とりにく

돼지고기
부타니꾸
豚肉
ぶたにく

소고기
규-니꾸
牛肉
ぎゅうにく

주스
쥬-스
ジュース

맥주
비-루
ビール

콜라
코-라
コーラ

물
미즈
水
みず

와인	차	홍차	커피
와잉-	오챠	코-챠	코-히-
ワイン	お茶 ちゃ	紅茶 こうちゃ	コーヒー

모포	이어폰	화장실	기내판매
모-후	이야홍-	토이레	키나이함-바이
毛布 もうふ	イヤホン	トイレ	機内販売 きないはんばい

출발

면세품	멀미봉투		
멘-제-힝-	에치켓또부꾸로		
免税品 めんぜいひん	エチケット袋 ふくろ		

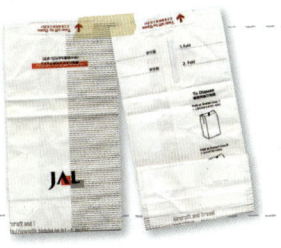

아프다	약	멀미약	소화제
이따이	쿠스리	요이도메	이구스리
痛い いた	薬 くすり	酔い止め よ　ど	胃薬 いぐすり

열	고도	날씨	현지 시간
네쯔	코-도	텡-꼬-	겐-찌지깡-
熱 ねつ	高度 こうど	天候 てんこう	現地時間 げんちじかん

정각	목적지	도착	착륙
테-코꾸	모꾸테끼찌	토-챠꾸	챠꾸리꾸
定刻 ていこく	目的地 もくてきち	到着 とうちゃく	着陸 ちゃくりく

이럴땐 이렇게 바로바로 회화

기내에서 자리 찾기

💬 제 자리는 어디인가요?
   와따시노 세끼와 도꼬데스까
   わたしの 席は どこですか。

💬 탑승권을 보여 주시겠습니까?
   토-죠-켕-오 미세떼 쿠다사이
   搭乗券を 見せて ください。

💬 이쪽(저쪽)입니다.
   코찌라(아찌라)데스
   こちら(あちら)です。

💬 안내해 주실 수 있나요?
   안나이시떼 모라에마스까
   案内して もらえますか。

💬 안내해 드리겠습니다
   고안-나이이따시마스
   ご案内いたします。

기내식과 기타 서비스

💬 음료수는 무엇으로 하시겠습니까?

오노미모노와 나니니 나사이마스까

お飲み物は 何に なさいますか。

💬 어떤 것이 있나요?

돈―나 모노가 아리마스까

どんな ものが ありますか。

출발

💬 콜라로 주세요.

코―라오 쿠다사이

コーラを ください。

오렌지 주스	물	맥주	한 잔 더
오 렌―지쥬―스	미즈	비―루	모―입빠이
オレンジジュース	水	ビール	もう1杯

💬 모포 좀 주시겠어요?

모―후오 쿠다사이마셍―까

毛布を くださいませんか。

💬 한국 신문 있나요?

캉―꼬꾸노 심―붕―, 아리마쓰까

韓国の 新聞、ありますか。

💬 커피 드시겠어요?

코-히-와 이까가데스까

コーヒーは いかがですか。

💬 네, 주세요.

하이, 오네가이시마스

はい、お願いします。

💬 네, 잠시만 기다려주세요.

하이, 쇼-쇼- 오마찌 쿠다사이

はい、少々 お待ち ください。

💬 이것은 어떻게 사용해요?

코레와 도-얏떼 츠까이마스까

これは どうやって 使いますか。

💬 향수 2개 주세요.

코-스이오 후타쯔 쿠다사이

香水を 二つ ください。

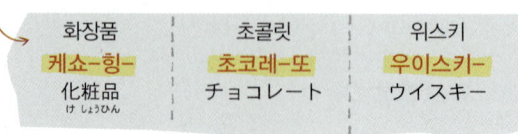

화장품	초콜릿	위스키
케쇼-힝-	초코레-또	우이스키-
化粧品	チョコレート	ウイスキー

SOS

💬 토할 것 같은데 봉투 좀 주시겠어요?

하키케가 스룬-데스가, 에치켓또부꾸로 아리마스까
吐き気が するんですが、エチケット袋 ありますか。

💬 머리가 아픈데 약이 있나요?

아따마가 이따인-데스가, 쿠스리와 아리마스까
頭が 痛いんですが、薬は ありますか。

💬 열이 나는데 약이 있나요?

네쯔가 아룬-데스가, 쿠스리와 아리마스까
熱が あるんですが、薬は ありますか。

💬 소화제 좀 주시겠어요?

이구스리오 모라에마셍-까
胃薬を もらえませんか。

착륙 준비

💬 입국신고서 한 장 주세요.

　　뉴-코꾸신-코꾸쇼오 이찌마이 쿠다사이
　　入国申告書を 一枚 ください。

💬 볼펜도 빌려 주시겠어요?

　　보-루펨-모 카시떼 모라에마스까
　　ボールペンも 貸して もらえますか。

💬 작성 방법을 가르쳐 주시겠어요?

　　카끼카따오 오시에떼 모라에마셍-까
　　書き方を 教えて もらえませんか。

💬 이렇게 쓰면 되나요?

　　코레데 이이데스까
　　これで いいですか。

💬 자리로 돌아가 주십시오.

　　오세끼니 오모도리 쿠다사이
　　お席に お戻り ください。

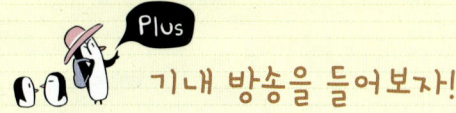

기내 방송을 들어보자!

🔊 미나사마, 혼-지쯔모 다이캉-코-꾸-오 고리요-쿠다사이마시떼 아리가또-고자이마스

皆様、本日も 大韓航空を ご利用くださいまして
ありがとうございます。

여러분, 오늘도 대한항공을 이용해 주셔서 감사합니다.

🔊 코노 히꼬-끼와, 케-이-이찌마루이찌빙- 도-쿄-유키데 고자이마스

この 飛行機は、KE１０１便 東京行きでございます。

이 비행기는 도쿄행 KE101편입니다.

🔊 마모나꾸 리리꾸이따시마스노데, 시-또베루또오 식까리 오시메 쿠다사이

まもなく 離陸いたしますので、シートベルトを しっかり
お締め ください。

곧 이륙하겠으니, 안전벨트를 잘 착용해 주시기 바랍니다.

🔊 도-쿄-마데노 히꼬-지깡-와 이찌지깡-고쥬뿡-오 요테-시떼 오리마스

東京までの 飛行時間は １時間５０分を 予定して おります。

도쿄까지의 비행 시간은 1시간 50분을 예상하고 있습니다.

🔊 토-챠꾸찌노 텡-꼬-와 하레, 키옹-와 니쥬-니도데 고자이마스

到着地の 天候は 晴れ、気温は ２２度でございます。

도착지의 날씨는 맑으며 기온은 22도입니다.

Part 2

입국하기

✈ 입국 수속

1 도착 및 입국 심사

비행기에서 내려 입국심사대로 이동하게 되는데, 입국심사대는 일본인 전용줄과 외국인 전용줄이 따로 있으므로, 해당하는 줄에 서서 차례를 기다립니다. 차례가 되면, 여권과 비행기 기내에서 작성한 입국신고서(Disembarkation Card)를 제출합니다. 이때 입국신고서는 빠짐없이 기재했는지 꼭 확인할 것!

▲ 입국심사대

입국심사원에 따라서는 일본에 온 목적이나, 어디에 묵는지나 왕복항공권을 소지했는지 묻는 경우도 있습니다.

2007년 11월 20일부터는 재일동포 등 특별영주자와 16세 미만, 외교와 공용 목적 방문자, 국가 초청자 등을 제외한 모든 외국인은 지문과 얼굴 사진을 등록해야 합니다.

▲ 일본 출입국신고서

2 짐 찾기

입국심사대를 통과한 뒤, 전광판을 통해 자신이 타고 온 비행기 편명을 확인합니다. 그리고 짐을 싣고 빙빙 돌아가는 턴테이블에서 자신의 짐이 나올 때까지 대기.

혹시 짐을 발견하지 못했을 경우에는 짐을 부칠 때 항공사 직원이 건네준 수하물 인환증을 직원에게 보여 주면 찾아줍니다.

▲ 수하물 도착 안내 전광판

▲ 수하물수취대

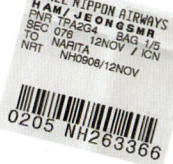
◀ 수화물 인환증

3 세관 검사

짐을 찾고 나서 출구 쪽으로 가면 마지막 절차인 세관 검사를 받게 됩니다. 혹시 면세 범위를 초과했을 경우에는 세관 검사 전에 세관신고서를 작성하여 검사를 받도록 합니다. 술이나 담배, 향수 등 몇몇 품목의 경우가 세관 신고 대상이 되는데, 많은 양을 반입하지 않는 이상은 면세로 통과 가능합니다.

세관 검사 시에는 세관검사원이 가방 안에 무엇이 들어 있는지 간단하게 물어봅니다. 더러는 가방 안을 뒤지는 경우도 있습니다.

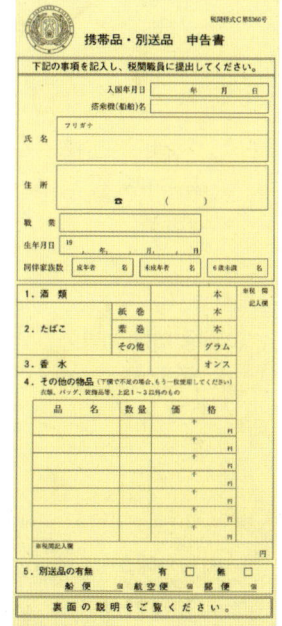
▲ 일본 세관신고서

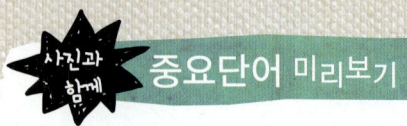
중요단어 미리보기

입국 심사	입국신고서	플라이트넘버
뉴-코꾸신-사	뉴-코꾸싱-코꾸쇼	후라이또남-바-
入国審査	入国申告書	フライトナンバー
にゅうこくしんさ	にゅうこくしんこくしょ	

여권
파스뽀-또
パスポート

비자
비자
ビザ

연락처
렌-라꾸사키
連絡先
れんらくさき

주소	지인(아는 사람)	친구	비즈니스
쥬-쇼	시리아이	토모다찌	비지네스
住所	知り合い	友達	ビジネス
じゅうしょ	し あ	とも	

유학	관광	수하물수취소
류-가꾸	캉-꼬-	테니모쯔우케토리죠
留学	観光	手荷物受取所
りゅうがく	かんこう	て に もつうけとりじょ

(여행용 대형) 가방
토랑-꾸
トランク

여행용 가방
스-쯔케-스
スーツケース

인환증	인식표	짐
히끼카에쇼-	쿠레-무타구	니모쯔
引換証	クレームタグ	荷物
ひきかえしょう		に もつ

짐수레
카-또
カート

~편
~빙-
～便
びん

출발

세관
제-깡-
税関
ぜいかん

세관신고서
제-깐-싱-코꾸쇼
税関申告書
ぜいかんしんこくしょ

검사
켄-사
検査
けん さ

검역
켕-에끼
検疫
けんえき

귀중품
키쵸-힝-
貴重品
き ちょうひん

선물
오미야게
おみやげ

술
사케
酒
さけ

브랜드 상품
브란-도힝-
ブランド品
ひん

향수
코-스이
香水
こうすい

화장품
케쇼-힝-
化粧品
け しょうひん

시계
토케-
時計
と けい

위스키
우이스키-
ウイスキー

담배
타바꼬
タバコ

바로바로 회화

입국 심사

💬 여행으로 오셨습니까?

고료꼬-데스까
ご旅行ですか。
　りょこう

💭 네, 여행입니다.

하이, 료꼬-데스
はい、旅行です。
　　　りょこう

비즈니스	출장	관광	유학
비지네스	**슛쵸-**	**캉-꼬-**	**류-가꾸**
ビジネス	出張	観光	留学
	しゅっちょう	かんこう	りゅうがく

💬 며칠간 머무릅니까?

타이자이와 난-니찌깐-데스까
滞在は 何日間ですか。
たいざい　なんにちかん

🗨 일주일간 머물 예정입니다.

잇슈-깐-노 요테-데스

一週間の 予定です。
いっしゅうかん　　　よてい

3일	5일	한 달	1년
믹까	**이쯔까**	**익까게쯔**	**이찌넹-**
3日	5日	1ヶ月	1年
みっか	いつか	いっかげつ	いちねん

💬 묵을 곳은 어디입니까?

오토마리와 도찌라데스까

お泊りは どちらですか。
とま

🗨 친구 집입니다.

토모다찌노 이에데스

友達の 家です。
ともだち　　いえ

호텔	친척 집	학교 기숙사
호테루	**신-세끼노 우찌**	**각꼬-노 료-**
ホテル	親戚の うち	学校の 寮
	しんせき	がっこう　りょう

출발

짐 찾기

💬 짐은 어디에서 찾나요?

　테니모쯔와 도꼬데 우케토리마스까
　手荷物は どこで 受け取りますか。

💬 무슨 항공편으로 오셨어요?

　도노 빙-오 리요-사레마시타까
　どの 便を 利用されましたか。

💬 KE101편입니다.

　케-이-이찌마루이찌빈-데스
　ＫＥ１０１便です。

💬 제 짐이 안 보여요.

　와따시노 니모쯔가 미쯔까리마셍-
　私の 荷物が 見つかりません。

💬 인환증 있습니까?

히끼카에쇼- 아리마스까

引換証 ありますか。
ひきかえしょう

💬 무슨 색 가방입니까?

나니이로노 카반-데스까

何色の かばんですか。
なにいろ

출발

💬 빨간색 가방입니다.

아까이로노 토랑-꾸데스

赤色の トランクです。
あかいろ

흰색	파랑	검정
시로	**아오이로**	**쿠로**
白	青色	黒
しろ	あおいろ	くろ
녹색	갈색	노랑
미도리	**챠이로**	**키이로**
緑	茶色	黄色
みどり	ちゃいろ	きいろ

75

세관 검사

💬 신고할 물건이 있습니까?
   싱-코꾸스루 모노와 아리마스까
   申告する ものは ありますか。
   しんこく

💬 없습니다. (있습니다)
   아리마셍- (아리마스)
   ありません。(あります)

💬 가방을 열어 주시겠습니까?
   카방-오 아케떼 모라에마스까
   かばんを あけて もらえますか。

💬 네, 보세요.
   하이, 도-조.
   はい、どうぞ

💬 이것은 무엇입니까?
   코레와 난-데스까
   これは 何ですか。
   なん

💬 이것은 선물할 겁니다.
   코레와 오미야게데스
   これは おみやげです。

💬 술이나 담배는 가지고 계십니까?
오사케야 타바꼬와 오모찌데스까
お酒や タバコは お持ちですか。

💬 이것은 세금을 내셔야 합니다.
코레와 카제-또 나리마스
これは 課税と なります。

💬 이것은 가지고 들어가실 수 없습니다.
코레와 모찌코무 코또가 데키마셍-
これは 持ち込む ことが できません。

Part 3
입국 로비에서

✈ 일본 공항에서

입국 검사, 짐 찾기, 세관 검사를 통과하여 입국 로비로 나온 후 화장실이 급하다거나 혹은 전화를 걸어야 한다거나, 바로 도심으로 들어가고 싶다거나 할 테죠. 그럴 땐 잠시 멈춰 서서 주변의 이정표를 잘 살펴보세요. 두리번 두리번~

일본어로 쓰여 있는 표지판도 있지만, 여행자의 편의를 위해서 일본어 밑에 영어로도 기재되어 있으니까 당황하지 마시기 바랍니다.

여행 TIP. 일본 공항에서 눈에 띄는 표지판들

✈ 전화 걸기

일본에 도착 후, 한국에 있는 가족이나 일본에 있는 친구 등에게 전화를 걸 일이 있겠죠. 여기서 잠시 일본의 공중전화에 대해 알아볼까요? 일본의 공중전화는 크게 연두색 전화, 회색 전화, IC공중전화로 나뉘어 있습니다.

▲ 일본의 공중전화

연두색 전화기는 2005년도 상반기까지 일본 국내전화 전용이었지만, 최근에는 아래 연두색 전화 사진에서 왼쪽에 보이는 것과 같이 기존 전화기보다 크고 국제전화도 가능한 전화기가 나왔습니다. 하지만, 전화카드를 구입해서 사용해야 하며 동전은 이용할 수 없습니다.

회색 전화기도 국내 전용, 국제전화 겸용의 두 종류가 있습니다. 국제전화 겸용인 경우에는 카드·동전으로 국제전화가 가능합니다. 단, 동전의 경우는 잔액이 남아도 반환되지 않습니다.

IC전화기 역시 국제전화 겸용 전화기인데, 전용 IC카드로만 전화를 걸 수 있습니다.

▲ IC공중전화

▲ 연두색 전화

▲ 회색 전화

일본-한국 수신자 부담 국제전화 이용하기

전화카드 구입도 어렵고 동전도 없다면 아무 공중전화에서나 이용할 수 있는 국제전화 콜렉트콜을 이용하는 것도 하나의 방법입니다. 특히 돈이 없는데 급히 전화를 걸어야 할 경우 무엇보다 편리한 국제전화 방법이 바로 콜렉트콜이죠.

SK 수신자 부담 국제전화는 일본 내 모든 전화기에서 이용 가능하므로 매우 편리합니다.

* 사용 방법 *

① 수화기를 들고 00531-008-272를 누른다.
② 안내방송에 따라 한국의 상대방 전화번호를 입력하고 *표를 누른다.

* 사용예 *

(상대방 일반 전화번호)

00531-008-272 --- 1번선택 --- 상대방 전화번호 + *

(상대방 휴대전화 번호)

00531-008-272 --- 1번선택 --- 상대방 휴대전화 번호 + *

전화기별 국제전화 사용법

기존 연두색 전화기
수화기를 들고 SOS버튼을 누른 후
00531-008-272

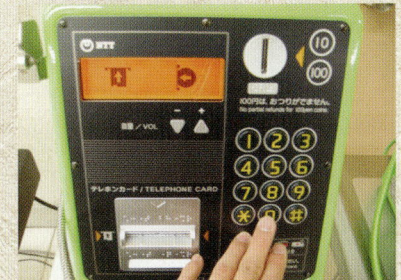

바뀐 연두색 전화기
수화기를 들고 00531-008-272

회색 전화기
수화기를 들고 00531-008-272를
누른 다음 Start 버튼

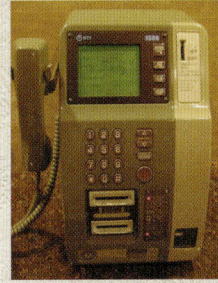

IC전화기
수화기를 들고 00531-008-272를 누른 다음 Start 버튼

전화카드 사기

전화카드 판매기는 IC공중전화 카드와 일반 공중전화 카드판매기로 나뉘어져 있습니다. IC카드의 경우에는 일본 국내·국제전화 모두 사용할 수 있습니다. 사용할 때에는 끝 모서리를 잘라낸 후에, 잘라낸 곳이 밑으로 향하도록 해서 사용합니다.

▶ 공중전화 카드판매기

✈ 관광안내소 이용하기

세계 어느 나라 공항에 가든 공항에는 외국인 관광객을 위한 관광안내소가 있지요. 일본 공항에서도 물론 관광안내소를 찾아볼 수 있습니다. 관광안내소에 가서 목적지로 가는 방법이나, 짐 보관, 전화카드 구입, 화장실 위치, 리무진 이용, 전철 이용 등 무엇이든 물어보세요. 친절하게 답변해 줍니다.

▲ 나리타공항 외국인 관광안내소

또한 안내소에는 한국어를 할 수 있는 직원이 있는 경우가 많습니다. 예로, 최근 홋카이도를 여행하는 한국 관광객이 증가해서인지 홋카이도의 신치토세 공항에도 한국인 안내원이 항시 근무하고 있어 자세하게 한국어로 안내를 해 주고 있습니다.

관광안내소에는 관광지 안내 팸플릿도 많을 뿐더러 의외로 여행에 유용한 좋은 정보를 얻을 수 있으니 한 번 이용해 보시길 바랍니다.

✈ 도심으로 이동하기

1 스카이라이나- (スカイライナー)

▲ 스카이라이나

도쿄 나리타(成田)공항에서 신-주쿠(新宿) 방면으로 갈 경우에는 스카이라이너(Sky-Liner)를 추천합니다. 이유는 빠르면서 편히 갈 수 있다는 장점이 있기 때문!

스카이라이너는 케-세-셍-(京成線) 소속 열차로, 닙-뽀리(日暮里) 역을 거쳐 우에노(上野) 역이 종착역입니다.

#
나리타에서 티켓 쿠입 방법

나리타공항의 도착 로비(1층)로 나온 후 잘 찾아보면, 케이세이선·JR선 타는 곳(京成線·

▲ 케이세이선 · JR선 타는 곳

JR線のりば)이라는 간판이 보일 것입니다. 그 간판 이정표대로 따라 내려가면 스카이라이너 매표소가 있습니다.

우에노(上野)까지 소요 시간은 약 40분 정도이고, 요금은 성인 2,470엔(아동:1,240엔)으로 나리타 익스프레스(Narita Express)보다 저렴합니다. 닙뽀리나 우에노에서 내려 JR야마노테셍-(山手線)을 타고 신주쿠까지 가는데 200엔으로, 나리타 익스프레스보다 약 530엔 정도가 절약되는 셈입니다.

▲ 스카이라이너 매표소

반대로 스카이라이너를 타고 공항으로 갈 경우에는, JR야마노테션 닙뽀리 역 또는 우에노 역에서 스카이라이너를 이용하여 나리타공항으로 이동하면 됩니다. 단, 미리 닙뽀리(또는 우에노)에서 공항까지 가는 스카이라이너 시간대를 체크해 두도록 하세요.

▲ 닙뽀리 역 표지판

하나 더! 스카이라이너 매표소에서 티켓을 살 때, 직원이 흡연석(喫煙席)과 금연석(禁煙席) 중 어느 자리를 원하냐고 묻습니다. 그때 웬만하면 금연석에 앉도록 하시길. 필자의 경우에도 담배를 피우는지라 흡연석에 앉았는데, 한 시간 동안 숨 막혀서 죽는 줄 알았습니다. 흡연을 하는 사람은 금연석에 앉았다가 살짝 흡연석에 가서 담배를 피우는 편이 좋습니다. 후회 없는 선택을 하시길! 진정한 애연가라면 흡연석에 앉도록~.

▲ 케이세이선 우에노 역

▲ 우에노 역 매표소

도쿄 나리타공항 • 항공사 Check!

제1터미널 항공사
- KE : 대한항공
- OZ : 아시아나항공
- NH : 전 일본공수

제2터미널 항공사
- JL : 일본 항공
- 7C : 제주항공

#
스카이라이너 시간표
나리타 공항 → 닙뽀리(또는 우에노)

平日上り(月曜~金曜)

号	成田空港 発	空港第2ビル 発	日暮里 着	上野 着
2	8:17	8:21	9:10	9:15
4	9:24	9:27	10:04	10:09
6	9:58	10:02	10:38	10:43
8	10:38	10:42	11:18	11:23
10	11:18	11:22	11:58	12:03
12	11:58	12:02	12:38	12:43
14	12:58	13:02	13:38	13:43
16	13:38	13:42	14:18	14:23
18	13:58	14:02	14:38	14:43
20	14:18	14:22	14:58	15:03
22	14:38	14:42	15:18	15:23
24	14:58	15:02	15:38	15:43
26	15:18	15:22	15:58	16:03
28	15:38	15:42	16:18	16:23
30	15:58	16:02	16:38	16:43
32	16:18	16:22	16:58	17:03
34	16:38	16:42	17:19	17:24
36	16:59	17:02	17:40	17:45
38	17:19	17:22	18:00	18:05
40	17:43	17:43	18:23	18:28
42	18:10	18:13	18:50	18:55
44	18:49	18:52	19:28	19:33
46	19:30	19:33	20:09	20:14
48	20:10	20:13	20:52	20:57
50	20:43	20:46	21:22	21:27
52	21:09	21:12	21:50	21:56
54	21:49	21:52	22:28	22:33
56	22:30	22:33	23:09	23:14

土曜・休日上り

号	成田空港 発	空港第2ビル 発	日暮里 着	上野 着
2	8:16	8:19	9:06	9:11
4	9:15	9:18	9:59	10:04
6	9:58	10:02	10:38	10:43
8	10:38	10:42	11:18	11:23
10	11:18	11:22	11:58	12:03
12	11:58	12:02	12:38	12:43
14	12:58	13:02	13:38	13:43
16	13:38	13:42	14:18	14:23
18	13:58	14:02	14:38	14:43
20	14:18	14:22	14:58	15:03
22	14:38	14:42	15:18	15:23
24	14:58	15:02	15:38	15:43
26	15:18	15:22	15:58	16:03
28	15:38	15:42	16:18	16:23
30	15:58	16:02	16:38	16:43
32	16:18	16:22	16:58	17:03
34	16:38	16:42	17:18	17:23
36	16:58	17:02	17:38	17:43
38	17:18	17:22	17:58	18:03
40	17:40	17:43	18:21	18:26
42	18:18	18:21	18:57	19:02
44	18:58	19:01	19:37	19:42
46	19:38	19:41	20:17	20:22
48	20:10	20:14	20:50	20:55
50	20:38	20:41	21:17	21:22
52	21:09	21:12	21:48	21:53
54	21:50	21:54	22:30	22:35
56	22:30	22:33	23:09	23:14

닙뽀리(또는 우에노) → 나리타 공항

平日下り(月曜~金曜)

号	上野 発	日暮里 発	空港第2ビル 着	成田空港 着
1	5:58	6:03	6:39	6:42
3	6:30	6:35	7:11	7:14
5	6:50	6:55	7:35	7:39
7	7:10	7:15	7:56	7:59
9	7:32	7:37	8:18	8:22
11	7:52	7:58	8:36	8:41
13	8:17	8:22	9:00	9:04
15	8:43	8:48	9:26	9:29
17	9:20	9:25	10:01	10:03
19	10:00	10:05	10:41	10:43
21	10:40	10:45	11:21	11:23
23	11:00	11:05	11:41	11:43
25	11:40	11:45	12:21	12:23
27	12:20	12:25	13:01	13:03
29	13:00	13:05	13:41	13:43
31	13:40	13:45	14:21	14:23
33	14:00	14:05	14:41	14:43
35	14:40	14:45	15:21	15:23
37	15:00	15:05	15:41	15:43
39	15:20	15:25	16:01	16:03
41	15:40	15:45	16:21	16:23
43	16:00	16:05	16:41	16:43
45	16:20	16:25	17:01	17:03
47	16:40	16:45	17:21	17:23
49	17:00	17:05	17:42	17:45
51	17:45	17:50	18:30	18:33

土曜・休日下り

号	上野 発	日暮里 発	空港第2ビル 着	成田空港 着
1	5:58	6:03	6:39	6:42
3	6:30	6:35	7:11	7:14
5	6:54	6:59	7:35	7:38
7	7:16	7:21	7:57	8:00
9	7:36	7:41	8:17	8:20
11	7:56	8:02	8:38	8:41
13	8:19	8:24	9:00	9:04
15	8:46	8:51	9:27	9:30
17	9:20	9:25	10:01	10:03
19	10:00	10:05	10:41	10:43
21	10:40	10:45	11:21	11:23
23	11:00	11:05	11:41	11:43
25	11:40	11:45	12:21	12:23
27	12:20	12:25	13:01	13:03
29	13:00	13:05	13:41	13:43
31	13:40	13:45	14:21	14:23
33	14:00	14:05	14:41	14:43
35	14:40	14:45	15:21	15:23
37	15:00	15:05	15:41	15:43
39	15:20	15:25	16:01	16:03
41	15:40	15:45	16:21	16:23
43	16:00	16:05	16:41	16:43
45	16:20	16:25	17:01	17:03
47	16:40	16:45	17:21	17:23
49	17:00	17:05	17:41	17:44
51	17:40	17:45	18:21	18:23

※ 변동이 있을 수 있으니 홈페이지를 통해 확인하세요.

http://www.keisei.co.jp/keisei/tetudou/skyliner/jp/ae_timetable/pdf/skyliner_time_j.pdf

2 나리타 에꾸스프레스(成田エクスプレス)

요금은 스카이라이너, 리무진 버스보다는 다소 비싸지만, 빠른 시간 내에 도심으로 이동할 수 있는 다른 이동수단으로는 나리타 익스프레스가 있습니다. 티켓은 케이세이 스카이라이너 매표소 바로 옆에서 살 수 있으며, 신주쿠까지는 1시간 50분 정도 소요되고, 요금은 3,190엔입니다.

▲ 나리타 익스프레스

3 케-세-혼-셍-(京成本線)

그 밖에 케이세이본선 특급·급행·보통이 있습니다. 이 열차도 스카이라이너와 마찬가지로 닙뽀리를 거쳐서 우에노가 종착역인데, 앞서 소개한 두 열차보다 저렴합니다. 종착역인 우에노 역까지의 소요 시간은 약 1시간 20분이고 요금은 1,150엔입니다.

▲ 케이세이 특급

4 리무진-바스(リムジンバス)

열차 이용 방법 외에도 나리타 공항에서 도쿄 도심으로 올 수 있는 방법 중 한 가지는 리무진 버스입니다. 요금은 나리타 익스프레스보다 싸지만 스카이라이너보다는 비쌉니다.

편리하다는 장점이 있지만 도로 교통 수단이기 때문에 정확한 소요 시간을 예측할 수 없다는 단점이 있습니다. 나리타 공항에서 신주쿠까지 요금은 3,100엔이며 소요 시간은 약 85분~115분입니다.

▲ 리무진 버스 매표소

▲ 리무진 버스 승차장

교통편 가격 비교

예 : 나리타 공항에서 신주쿠까지 이동할 경우

교통편	가격	총 소요시간
스카이라이너 (닙뽀리 또는 우에노 역까지 2,470엔 / JR선을 타고 신주쿠까지 200엔)	총 2,670엔	약 1시간 20분
나리타 익스프레스(Narita Express)	총 3,190엔	약 1시간 50분
케이세이본선 특급·급행·보통	총 1,350엔	약 2시간
리무진 버스	총 3,100엔	약 1시간 30분

중요단어 미리보기

공중전화	공중전화부스	공중전화카드	국제전화
코-슈-뎅-와	뎅-와복꾸스	테레홍-카-도	콕사이뎅-와
公衆電話	電話ボックス	テレホンカード	国際電話
こうしゅうでんわ	でんわ		こくさいでんわ

국가번호	시내전화	동전	
쿠니방-고-	시나이뎅-와	코잉-	
国番号	市内電話	コイン	
くにばんごう	しないでんわ		

전화번호	전화번호부	지역번호	콜렉트콜
뎅-와방-고-	뎅-와쵸-	시가이쿄꾸방-	코레꾸또코-루
電話番号	電話帳	市外局番	コレクトコール
でんわばんごう	でんわちょう	しがいきょくばん	

관광 안내 지도	전철역	지하철 노선도
캉-꼬-안-나이치즈	에끼	치카테쯔로센-즈
観光案内地図	駅	地下鉄路線図
かんこうあんないちず	えき	ちかてつろせんず

표	택시승차장
킵뿌	타꾸시-노리바
切符	タクシー乗り場
きっぷ	のば

갈아타다	렌트카	호텔
노리카에루	렌-타카-	호테루
乗り換える	レンタカー	ホテル
のか		

리무진 버스	버스	버스 정류장
리무진-바스	바스	바스테-
リムジンバス	バス	バス停
		てい

 바로바로 회화

공중전화

💬 이 근처에 공중전화가 있습니까?
코노 치카꾸니 고-슈-뎅-와와 아리마스까
この 近くに 公衆電話は ありますか。

💬 전화카드는 어디에서 팝니까?
테레홍-카-도와 도꼬데 웃떼 이마스까
テレホンカードは どこで 売って いますか。

💬 저, 죄송한데요. 전화 사용법을 알려주시겠어요?
아노-, 스미마셍-. 뎅-와노 카께카따오 오시에떼 모라에마스까
あのう、すみません。電話の かけ方を 教えて もらえますか。

💬 잔돈으로 바꿔 주시겠어요?
코제니니 카에떼 모라에마스까
小銭に 替えて もらえますか。

관광안내소

💬 한국어 하실 수 있는 분 계시나요?
캉-코꾸고가 데끼루 히또와 이마스까
韓国語が できる 人は いますか。

💬 버스 타는 곳은 어디에 있습니까?
바스노리바와 도꼬니 아리마스까
バス乗り場は どこに ありますか。

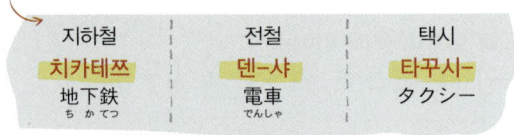

지하철	전철	택시
치카테쯔	**덴-샤**	**타꾸시-**
地下鉄	電車	タクシー

💬 무슨 선을 타면 되나요?
나니센-니 노레바 이이데스까
何線に 乗れば いいですか。

💬 렌트카를 빌리고 싶은데요.
렌-타카-오 카리따인-데스가
レンタカーを 借りたいんですか。

💬 이 근처에 싸게 묵을 수 있는 곳이 있나요?
코노 헨-니 야스꾸 토마레루 토꼬로와 아리마스까
この 辺に 安く 泊れる 所は ありますか。

도심으로 이동하기

💬 우에노까지 가려면 무엇이 좋습니까?

우에노마데 이꾸니와 도-얏떼 이케바 이이데스까
上野まで 行くには どうやって 行けば いいですか。

💬 스카이라이너는 어디서 탈 수 있습니까?

스카이라이나-와 도꼬데 노레마스까
スカイライナーは どこで 乗れますか。

케이세이선	리무진 버스	나리타 익스프레스
케-세-셍-	**리무진-바스**	**나리타에꾸스프레스**
京成線	リムジンバス	成田エクスプレス

💬 표는 어디에서 삽니까?

킵뿌와 도꼬데 카이마스까
切符は どこで 買いますか。

Chapter 3
숙박하기

체크인을 부탁합니다

チェックインを お願いします。

쳇쿠잉-오 오네가이시마스

멀리 떠난 여행지에서 아침을 맞이하는 기분은 어떨까요? 조금은 낯선 잠자리에서 눈을 뜬 그 순간이 '내가 여행을 하고 있다'고 실감하게 되는 때가 아닐까요? ^^ 편안하고 쾌적한 잠자리는 분명 여행의 즐거움을 배가시켜 줄 것입니다. 많은 정보를 수집하여 좋은 숙박지를 선택하세요.

숙박하기

✈ 일본의 다양한 숙박 정보

일본의 기본적인 숙박시설로는 호텔, 비즈니스호텔, 유스호스텔, 모텔, 여관, 민박, 캡슐호텔 등이 있습니다. 어느 나라에 가더라도 여행지별·숙박시설별 요금 차이는 다양하기 때문에 정확한 요금플랜을 설명하는 것은 무리가 있지만, 필자 개인적인 의견으로는 한국의 숙박 요금과 크게 다르지 않다고 생각합니다.

다만, 조금 다른 점은 한국의 경우(모텔, 비즈니스호텔, 여관) 1실당 얼마로 정해져서 방 하나에 두세 명이 묵는 경우가 많지만, 일본의 경우에는 1인당 요금을 받는 경우가 많다는 점입니다. 예를 들어, 1인 1실(싱글)이 5,000엔이라면 2인 1실(트윈)의 경우는 1인당 각각 4,000엔씩 총 8,000엔을 지불하는 형식인 셈이죠.

여행할 때 가장 신경쓰이면서도 가장 중요한 것이 바로 잠자리라는 점! 편안한 잠자리를 위해서는 미리 좋은 숙박지를 선정하는 것이 중요합니다. 다행히 최근에는 많은 여행사들이 좋은 숙박지를 소개해 주고 있어서 예전만큼 잠자리로 고생하는 일은 줄어든 듯합니다.

▶ 비즈니스호텔

1 호텔

호텔 종류는 특급 호텔부터 다소 저렴한 비즈니스호텔까지 다양합니다. 보통 비즈니스호텔은 역 주변에 많이 분포되어 있는데, 요금은 1인 1실(싱글) 기준으로 5,000엔~10,000엔 정도로 생각하면 됩니다. 요즘에는 여행사를 통해 본인의 예산 범위에 맞는 호텔도 예약할 수 있으므로, 가능하다면 미리미리 본인의 일정과 예산에 맞는 호텔을 안내 받으세요.

2 러브호텔

일본의 러브호텔은 동성끼리 못 들어가는 경우가 많습니다. 이유인즉슨, 이름 그대로 연인들의 호텔이기 때문이죠. 일본의 러브호텔은 잠자리를 위한 단순 숙박 개념에서 벗어나 연인들의 하나의 문화 장소로 여겨질 정도로 내부 시설이 재미있고 다채롭습니다. 요일별, 시간대별로 요금은 다양하지만, 대체적으로 1만 엔 미만으로 생각하면 됩니다.

▲ 러브호텔 내부

3 유스호스텔

뭐니뭐니 해도 가장 값싸고 편리하게 이용할 수 있는 숙박시설은 바로 유스호스텔(YH)이죠. 보통은 여럿이서 한 방을 쓰는 게 일반적이지만, 도쿄 요요기(代々木) 유스호스텔은 아주 깨끗할 뿐더러, 1인 1실로 되어 있는 방도 많아서 여러 사람과 부딪치기 싫어하는 사람에게는 안성맞춤입니다. 유스호스텔의 가장 큰 장점이라면, 장기 체재가 가능하고 많은 외국인이 이용하므로, 세계 각국의 새로운 친구를 사귈 수 있다는 점, 그리고 다양한 정보도 교환할 수 있다는 점입니다.

▲ 도쿄 요요기 유스호스텔

4 캡슐호텔

캡슐호텔은 일본어로「카뿌세루 호테루(カプセルホテル)」라고 합니다. 좀 생소한 이름인가요? '도대체 어떤 호텔이기에 일본에서만 체험할 수 있다는 거야?'라고 생각하시겠죠?

▲ 캡슐호텔 내부

이 캡슐호텔은 이미 일본에서는 오래 전부터 있던 숙박시설입니다. 원래는 늦게까지 일하거나 음주를 즐기느라 교통편이 없어서 귀가하지 못한 샐러리맨들을 위해서 생겨난 것이라고 합니다. (일본 택시비가 워낙 비싸야 말이지요. 기본요금만 710엔이니······.)

이곳은 플라스틱과 비슷한 재질로 만들어진 '캡슐(통)' 안에 한 사람이 누울 정도의 공간만을 만들어 두었습니다. 이 작은 통 안에는 깨끗하고 폭신한 이불이 깔려 있고, 조명과 TV, 라디오뿐

▲ 캡슐호텔

만 아니라 동전을 넣으면 AV비디오(성인용 비디오)까지 볼 수 있을 정도로 웬만한 시설은 다 갖춰져 있습니다.

이런 캡슐이 1, 2층의 형태로 아파트처럼 여러 개 놓여 있지요. '그런 조그만 곳에서 어떻게 잘 수 있겠어?'라고 생각하시겠지만, 의외로 아늑해서 하루의 피로를 풀기에는 전혀 부족하지 않다는 말씀!

게다가 목욕탕, 사우나 시설도 이용할 수 있으므로, 여행자들이 하루 정도 묵기에는 더없이 편리할 수 있습니다. 요금은 유스호스텔에 비해서는 비싸지만, 1인당 3,500엔~4,000엔(욕실 및 사우나 이용 자유) 정도로 비교적 저렴한 편입니다. 기회가 된다면 캡슐 안에서 잠을 잔다는 독특한 체험을 한 번 해 봐도 좋지 않을까요?

5 일본식 여관

일본의 전통문화를 체험해 보고 싶다면 일본식 여관에 묵을 수도 있습니다. 일본식 여관의 숙박 가격은 3,000엔~4,000엔 정도부터 고액에 이르기까지 천차만별입니다. '우리나라처럼 호텔보다 여관이 싸겠지'라고라고 생각했다가는 낭패를 보기 십상이므로 주의해야 합니다.

일본식 여관은 대부분 욕실과 화장실에 방 안에 딸려 있지 않아 불편하기도 하지만, 일본식 정원과 가옥 구조를 볼 수 있는 좋은 기회가 된다는 이점이 있지요.

그러나 간혹 일본어를 못하는 외국인을 꺼리는 곳도 있어 숙박이 불가능할 수도 있으므로, 여관에 묵고 싶을 때는 반드시 관광안내소나 현지 일본인의 도움을 받는 것이 좋습니다.

▲ 전통적인 분위기의 일본 여관

 중요단어 미리보기

체크인	예약	묵다	싸다
첵쿠잉-	요야꾸	토마루	야스이
チェックイン	予約	泊る	安い
	よやく	とま	やす

비싸다	기입	열쇠	아침식사
타까이	키뉴-	키-	쵸-쇼꾸
高い	記入	キー	朝食
たか	きにゅう		ちょうしょく

몇 층	방	귀중품	엘리베이터
낭-가이	헤야	키쵸-힝-	에레베-타-
何階	部屋	貴重品	エレベーター
なんがい	へや	きちょうひん	

인터넷	전화	팩스	세탁
인-타-넷또	뎅-와	확꾸스	쿠리-닝-구
インターネット	電話	ファックス	クリーニング
	でんわ		

룸서비스		모닝콜	수도
루-무사-비스		모-닝-구코-루	스이도-
ルームサービス		モーニングコール	水道
			すいどう

텔레비전	담요	이불	베개
테레비	모-후	후똥-	마꾸라
テレビ	毛布	布団	まくら
	もうふ	ふとん	

시트	커튼	면도기	비누
시-또	카-텡-	히게소리	섹켕-
シート	カーテン	ひげそり	せっけん

유카타
유카타
浴衣
ゆ かた

(목욕 후나 여름에 입는 무명으로 된 홑옷)

숙박하기

수건		냉장고
타오루		레-조-꼬
タオル		冷蔵庫 れいぞう こ

체크아웃	신용카드	국제통화	시내통화
첵쿠아우또	크레짓또카-도	코꾸사이쯔-와	시나이쯔-와
チェックアウト	クレジットカード	国際通話 こくさいつう わ	市内通話 し ないつう わ

금액	요금	서비스료	세금
킹-가꾸	료-킹-	사-비스료-	제-킹-
金額 きんがく	料金 りょうきん	サービス料 りょう	税金 ぜいきん

세탁비	숙박료	합계	영수증
센-타꾸다이	슈꾸하꾸료-	고-케-	료-슈-쇼-
洗濯代 せんたくだい	宿泊料 しゅくはくりょう	合計 ごうけい	領収証 りょうしゅうしょう

바로바로 회화

체크인

💬 예약한 함정수입니다.
   요야꾸시따 함정수데스
   予約した ハムジョンスです。
   よやく

💬 싱글룸 부탁드립니다.
   싱-구루루-무오 오네가이시마스
   シングルームを お願いします。
   ねが

더블룸	트윈룸
다부루루-무	츠인-루-무
ダブルルーム	ツインルーム

💬 오늘부터 이틀간 묵을 예정입니다.
   쿄-까라 후쯔까깡- 토마루 요테-데스
   今日から 二日間 泊る 予定です。
   きょう　ふつか かん　とま　　よてい

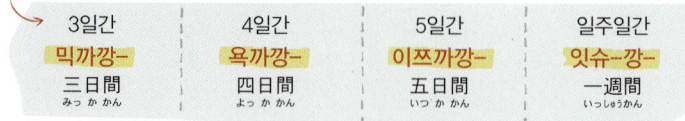

3일간	4일간	5일간	일주일간
믹까깡-	욕까깡-	이쯔까깡-	잇슈-깡-
三日間	四日間	五日間	一週間
みっかかん	よっかかん	いつかかん	いっしゅうかん

💭 1박에 얼마입니까?

　　입빠꾸, 이꾸라데스까
　　一泊、いくらですか。
　　いっぱく

💭 아침식사는 포함되어 있나요?

　　쵸-쇼꾸와 츠이떼 이마스까
　　朝食は 付いて いますか。
　　ちょうしょく　　つ

숙박하기

💭 좀 더 싼 방은 없나요?

　　못또 야스이 헤야와 아리마셍-까
　　もっと 安い 部屋は ありませんか。
　　　　　　やす　へ や

💬 여기에 성함과 여권번호를 기입해 주십시오.

　　코꼬니 오나마에또 파스뽀-또방-고-오 고키뉴-쿠다사이
　　ここに お名前と パスポート番号を ご記入ください。
　　　　　な まえ　　　　　　　ばんごう　　き にゅう

💭 전망 좋은 방으로 해 주세요.

　　나가메노 이이 헤야니 시떼 쿠다사이
　　眺めの いい 部屋に して ください。
　　なが　　　　　へ や

💭 체크아웃은 몇 시예요?

　　첵쿠아우또와 난-지데스까
　　チェックアウトは 何時ですか。
　　　　　　　　　　　なん じ

프런트 이용하기

🗨 아침식사는 몇 시부터 몇 시까지입니까?

쵸-쇼꾸와 난-지까라 난-지마데데스까
朝食は 何時から 何時までですか。

💬 아침 7시부터 10시까지입니다.

아사 시찌지까라 쥬-지마데니 나리마스
朝 ７時から １０時までに なります。

🗨 레스토랑은 어디 있습니까?

레스토랑-와 도꼬니 아리마스까
レストランは どこに ありますか。

바	커피숍
바-	**코-히-숍뿌**
バー	コーヒーショップ

🗨 짐을 방까지 옮겨 주시겠어요?

니모쯔오 헤야마데 하콘-데 모라에마스까
荷物を 部屋まで 運んで もらえますか。

🗨 귀중품을 맡아 주시겠어요?

키쵸-힝-오 아즈캇떼 모라에마스까
貴重品を 預かって もらえますか。

💬 근처에 있는 맛있는 레스토랑을 소개해 주세요.

치카꾸니 아루 오이시- 레스토랑-오 쇼-까이시떼 쿠다사이

近くに ある おいしい レストランを 紹介して
ください。

💬 저한테 걸려 온 전화는 없었나요?

와따시니 카깟떼 키따 뎅-와와 아리마셍-데시따까

私に かかって きた 電話は ありませんでしたか。

💬 인터넷을 쓸 수 있나요?

인-타-넷또오 츠까에마스까

インタネットを 使えますか。

💬 팩스가 있나요?

확꾸스와 아리마스까

ファックスは ありますか。

숙박하기

룸서비스

💬 303호실입니다만, 룸서비스를 부탁합니다.

삼-뱌꾸상-고-시쯔데스가, 루-무사-비스오 오네가이시마스
３０３号室ですが、ルームサービスを お願いします。
　さんびゃくさんごうしつ　　　　　　　　　　　　　　　ねが

💬 아침식사를 주문하고 싶습니다.

쵸-쇼꾸오 츄-몬-시따이데스
朝食を 注文したいです。
ちょうしょく　ちゅうもん

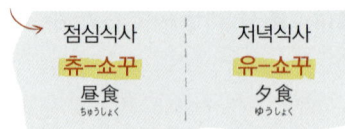

점심식사	저녁식사
츄-쇼꾸	**유-쇼꾸**
昼食	夕食
ちゅうしょく	ゆうしょく

💬 방을 청소해 주세요.

헤야오 소-지시떼 쿠다사이
部屋を 掃除して ください。
へ や　　そう じ

💬 아침 7시에 모닝콜을 부탁드립니다.

아사 시찌지니 모-닝-구코-루오 오네가이시마스

朝　7時に　モーニングコールを　お願いします。
あさ　しちじ　　　　　　　　　　　　　　　　ねが

5시 **고지** 五時 ごじ	6시 **로꾸지** 六時 ろくろく	7시 **시찌지** 七時 しちじ
8시 **하찌지** 八時 はちじ	9시 **쿠지** 九時 くじ	10시 **쥬-지** 十時 じゅうじ

숙박하기

클레임

🍵 물이 안 나와요.
미즈가 데마셍-
水が 出ません。

🍵 뜨거운 물이 안 나옵니다.
오유가 데나인-데스
お湯が 出ないんです。

🍵 담요가 없습니다.
모-후가 아리마셍-
毛布が ありません。

🍵 시트가 더러우니 바꿔 주세요.
시-또가 키타나이노데, 카에떼 모라에마스까
シートが 汚いので、かえて もらえますか。

🍵 전화가 안 되는데요.
뎅-와가 츠나가라나인-데스가
電話が つながらないんですが。

💬 화장실 휴지가 없어요.
   토이렛또페-빠-가 아리마셍-
   トイレットペーパーが ありません。

💬 텔레비전이 고장났어요.
   테레비가 코와레떼 이마스
   テレビが こわれて います。

에어콘	난방	드라이	샤워기
에아콩-	**담-보-**	**도라이야-**	**샤와-**
エアコン	だんぼう	ドライヤー	シャワー

💬 옆방이 시끄러워요.
   토나리노 헤야가 우루사이데스
   となりの 部屋が うるさいです。

💬 방을 바꿔 주세요.
   헤야오 카에떼 쿠다사이
   部屋を かえて ください。

숙박하기

체크아웃

💬 체크아웃을 부탁드립니다.
   첵쿠아우또오 오네가이시마스
   チェックアウトを　お願いします。

💬 냉장고에 있는 맥주를 한 병 마셨어요.
   레-조꼬노 비-루오 입뽕- 노미마시따
   冷蔵庫の　ビールを　一本　飲みました。

2병	3병	4병
니홍-	**삼-봉-**	**욘-홍-**
にほん	さんぼん	よんほん
5병	6병	7병
고홍-	**록뽕-**	**나나홍-**
ごほん	ろっぽん	ななほん
8병	9병	10병
핫뽕-	**큐-홍-**	**쥽뽕-**
はっぽん	きゅうほん	じゅっぽん

💬 국제전화를 썼습니다.
   코꾸사이뎅-와우 츠까이마시따
   国際電話を　使いました。

💬 이건 무슨 요금이에요?
   코레와 난-노 료-킨-데스까
   これは　何の　料金ですか。

💬 계산은 현금 또는 카드 어느 쪽으로 하시겠습니까?

시하라이와 겡-킹-, 마따와 카-도 도찌라니 나사이마스까

支払いは 現金、または カード どちらに
なさいますか。

🗨 신용카드로 계산해 주세요.

크레짓또카-도데 오네가이시마스

クレジットカードで お願いします。

🗨 방에 물건을 놓고 왔어요.

헤야니 와스레모노오 시마시따

部屋に 忘れ物を しました。

🗨 맡긴 귀중품을 찾고 싶은데요.

아즈케따 키쵸-힝-오 우케토리따인-데스가

預けた 貴重品を 受け取りたいんですが。

🗨 택시를 불러 주세요.

타꾸시-오 욘-데 쿠다사이

タクシーを 呼んで ください。

Chapter 4
일본 음식 즐기기

뭐가 가장 맛있어요?

何が 一番 おいしいですか。
なに いちばん

나니가 이찌방- 오이시-데스까

해외여행의 큰 즐거움 중 하나는 현지음식 즐기기!
그 나라의 음식을 맛보는 것도 소중한 문화체험이 될 것입니다. 일본까지 가서 한국음식점만 찾아다닌다면 여행을 간 즐거움이 줄어들겠지요. 게다가 여행경비도 같이 줄어들게 될 것입니다. 일본에서 한국음식은 비싼 편이거든요.

일본 음식 즐기기

✈ 일본의 음식 문화

하나! 숟가락은 잘 안 써요.

일본인들은 식사할 때 밥공기를 손에 들고 젓가락으로 먹습니다. 밥상 위에 그릇을 두고 숟가락을 이용하여 먹는 우리의 식사 방식과는 다른 모습이지요.

이는 일본에서는 기본적으로 식사를 할 때 숟가락(스푼)을 사용하지 않기 때문입니다. 대신 젓가락(箸: 하시)을 주로 쓰는데 그것도 나무젓가락을 사용하지요.

▲ 일본의 기본적인 상차림

국을 먹을 때도 마찬가지로 숟가락을 쓰지 않고, 국그릇을 들고 후루룩 소리를 내며 마십니다. 한국에서 그렇게 먹으면 예의 없다고 혼이 나겠지요. 하지만 일본에서는 어릴 때부터 밥그릇은 꼭 손에 들고 먹도록 교육을 한답니다. 단 카레라이스나 스프 등을 먹을 때는 예외적으로 숟가락으로 떠서 먹습니다.

둘! 공짜는 없어요.

일본 음식점에는 우리나라처럼 기본 반찬이라는 게 없습니다. 나온다고 해도 기껏해야 단무지 두세 조각 정도. 그것마저도 다 먹고 더 달라고 해도 주지 않습니다. 더 달라고 하는 게 오히려 예의에 어긋나는 일이라고 해요.

게다가 우리나라 갈비집과 같은 일본의 「燒肉(야끼니꾸)」집에 가면 더 당황스러운 시츄에이션이! 식당 메뉴판에 김치 얼마, 마늘 얼마, 상추 얼마라고 가격이 붙어 있어요. 그 모든 걸 다 돈 주고 사 먹어야 한다는 거죠.

셋! 반찬이 너무 적어요!

일본 식당은 반찬 양이 적습니다. 우리나라야 어느 식당에 가든 반찬이 푸짐하게 나오지만, 일본에서는 반찬이 그렇게 많이 나오지 않습니다. 여기서도 소식(小食)하는 일본 사람들의 단면을 볼 수가 있지요.

넷! 어~ 라면이 다르네!

일본 라면은 라-멩-(ラーメン)이라고 하며 우리나라 인스턴트 라면과는 다소 맛이 다릅니다. 게다가 지역별로 특색이 있어서 각각 그 맛이 독특하지요. 대표적인 라멘 종류로는 미소(味噌:된장)라멘, 시오(塩:소금)라멘, 쇼-유(醬油:간장)라멘이 있습니다.

▲ 삿뽀로 미소라멘

일본의 라멘은 돼지뼈를 오랜 시간 동안 우려내서 만들기 때문에 진하고 다소 느끼하기도 합니다. 저도 처음 라멘을 먹었을 때는 너무 기름지고 느끼해서 "뭐 이런 걸 먹으려고 저렇게 줄을 서 있지?"라고 생각했었으니까요. 하지만 지금은 일본에 갈 때마다 꼭 먹는 음식 중 하나가 바로 라멘입니다. 처음엔 '다신 안 먹어!'라고 생각했던 사람이라도 몇 번 먹다 보면 아마 저처럼 그 맛에 중독되지 않을까요?

▲ 삿뽀로 시오라멘

▲ 삿뽀로 쇼유라멘

다섯! 일본 사람들은 뭘 더 좋아할까? 우동(うどん)? 소바(そば)?

한 앙케트 조사 결과에 따르면 – 물론 지역과 세대에 따라서 차이가 있겠지만 – 비율상으로 '소바(메밀국수)'보다는 '우동'을 좋아하는 사람이 더 많다고 합니다. 우동 면발이 더 굵어서 쫄깃하기 때문에 우동을 선호한다고 하는군요. 게다가 요즘의 일본 젊은이들 가운데는 소바를 못 먹는 사람들이 늘어나고 있다는데, 전문가들은 우동보다 소바가 영양이나 소화면에서 더 좋다고 말합니다.

▲ 소바를 고를까? 우동을 고를까?

여섯! 호-다이(放題)를 즐기자!

일본 시내를 나가 보면 간혹 食べ放題(타베호-다이), 飲み放題(노미호-다이)와 같이 쓰인 간판이 눈에 띌 것입니다. 放題(호-다이)는 '마음껏'이라는 뜻으로, 이런 곳은 일정한 돈을 내면 마음껏 먹고 마실 수가 있습니다. 보통 90분이나 2시간과 같이 시간이 제한되어 있기도 합니다.

▲ 90분 타베호-다이   ▲ 노미호-다이 간판

- **타베호-다이(食べ放題)** : 일정 금액을 내고 마음껏 먹는 것
- **노미호-다이(飲み放題)** : 일정 금액을 내고 마음껏 마시는 것

뜨거운 소바?! 차가운 우동?!

우리가 여름에 시원하게 만들어 먹는 메밀국수가 '소바'입니다. 하지만 일본에서는 뜨거운 국물에 넣어 먹기도 합니다. 반대로 '우동'을 차갑게 만들어 먹기도 하죠.

▲ 소바   ▲ 히야시우동

일곱! 식사 시 인사는 기본이죠!

식사하기 전에는 반드시 "이따다키마스!(いただきます。잘 먹겠습니다)"라고 말합니다. 식사를 끝낸 후에는 "고찌소-사마데시따!(ごちそうさまでした。잘 먹었습니다)"라고 인사를 합니다.

음식

일본의 삼각김밥(오니기리) 종류

간단한 끼니로 가장 좋은 것은 역시 삼각김밥. 일본에서는 「오니기리(おにぎり)」라고 하는데, 일본 어느 편의점에서나 손쉽게 살 수 있습니다. 삼각김밥의 종류도 아주 많은데, 안에 뭐가 들어 있는지 모르고 그냥 샀다가는 간혹 입에 맞지 않는 경우도 생기죠.

그래서 한국 사람 입맛에 잘 맞는 오니기리 Best3을 소개할까 합니다.

- 씨-치킹-(シーチキン) : 츠나마요네-즈(ツナマヨネーズ)라고도 하는, 참치와 마요네즈가 들어간 오니기리
- 콤-부(こんぶ) : 다시마가 들어간 오니기리.
- 멘-타이꼬(明太子) : 명태란이 들어간 오니기리.

아침에 가면, 유효기간이 가까워진 것들을 10% 할인해서 팔기도 해요. 돈이 없을 때 한 번...

일본 사람들이 즐겨 먹는 음식에는?

소바와 우동의 종류

1. かけそば(카케소바) 혹은 すうどん(스우동) : 특별한 건더기 없이 국물과 면, 약간의 파만 들어 있는 것. (가장 싼 국수로 정말 싸게 파는 곳은 200엔인 곳도 있습니다. 그런데 배가 무지 빨리 꺼지더라고요.

2. かき揚げ天(카키아게텡) 소바 : 잘게 썬 조개와 새우, 야채 등을 섞어 튀긴 것을 얹은 것. 가격은 400엔 정도.

3. きつね(키쯔네) 소바 혹은 우동 : 유부국수

4. 天ぷら(텐뿌라) 소바 혹은 우동 : 튀김을 얹은 것. (위의 다른 국수보다는 조금 비싸요.)
5. たぬき(타누키) 소바 혹은 우동 : 튀김 부스러기를 넣은 것.
6. わかめ(와까메) 소바 혹은 우동 : 와까메(미역)를 넣은 것.
7. 月見(츠키미) 소바 혹은 우동 : 계란을 넣은 것.

8 낫또(納豆): 삶은 콩을 발효시켜 만든 일본의 전통 음식. 먹을 때는 간장, 계란 노른자, 파 등을 넣어 잘 저어 섞은 다음 밥에 얹어 먹는다.

9 야키소바(やきそば): 볶음국수라고 할 수 있는 대중적 음식.

음식

10 타코야끼(たこやき): 요즘에는 우리나라에서도 찾아볼 수 있는 음식. 밀가루 반죽에 문어와 파를 넣고 구워 소스를 뿌려 먹는다.

11 타이야끼(たいやき): 일본의 붕어빵.

12 오코노미야끼(お好み焼き): 쉽게 말하자면 일본식 부침개. 자신이 원하는 재료를 넣어 부쳐 먹는다.

일본 대중 음식의 대표격, 규-동-(牛丼)

일본에서는 소고기덮밥을 규-동-(牛丼)이라고 합니다. 큼직한 사발 안에 밥을 넣고 그 위에 소고기와 양파볶음이 얹혀 나오지요. 규동은 우리나라 소고기덮밥과 매우 비슷해서 처음 먹어 보는 한국인들도 맛있게 먹는 요리 중 하나입니다.

규동으로 유명한 대표적인 체인점은 바로 '요시노야(吉野家)'라고 하는 곳입니다. 이

▲ 한국 사람들의 입맛에 잘 맞는 덮밥

전 광우병 소동으로 큰 타격을 입어 요즘은 규동 대신 부따동-(豚丼:돼지고기덮밥)을 판매하고 있으나, 그래도 여전히 인기 있는 곳이지요. 가격은 양에 따라 다르지만 나미(並み:보통), 오-모리(大盛り:곱배기), 토꾸다이(特大:특대)가 보통 400엔에서 600엔 정도로 부담 없이 먹을 수 있습니다. 일본은 반찬이 없다고 말했듯이 규동이나 부따동도 예외가 아닙니다. 다만 테이블 위에 베니쇼-가(紅しょうが) 정도는 놓여 있지요. 베니쇼가는 일식집에서 보던 빨갛게 물들인 생강인데, 그 맛은 먹어 본 사람만이 알 수 있지요.

▲ 규동 체인점 스키야

▲ 규동 체인점 요시노야

▲ 일본 사람들이 즐겨 먹는 대표적인 토핑재료는 파와 달걀

▲ 광우병 파동으로 규동집의 메뉴에 부따동이 등장했습니다.

규동집에 들어간다면 기왕에 온 거 한마디라도 일본어로 주문해 봅시다. 주문도 크게 어려울 것은 없어요.

먼저, 가게에 손님이 들어오면 점원들이 큰 소리로 "이랏샤이마세(いらっしゃいませ:어서 오세요)"라고 외칩니다. 그리고 자리에 앉으면 바로 차 또는 물을 내주면서 무엇을 먹을 것인지 물어봅니다.

이때 무슨 말인지 몰라도 당황하지 말고 보통 양의 규동을 먹을 것이라면 "규-동-나미(牛井並み)"라고 주문해 보세요. 거기에 된장국이 먹고 싶다면 그저 "규-동-나미(牛井並み)"라고 한마디만 더해 주면 됩니다. 간단하죠?

규동나미가 양에 안 찰 때는 규동오-모리나 규동토꾸다이로 주문하세요. 단, 양이 엄청 많다는 점! 규동이 입맛에 맞는다면 배고플 때 한 번 시켜 보시길.

▲ 규동과 미소시루

▲ 왼쪽에 있는 것이 베니쇼가랍니다.

타찌구이 소바 (立ち食いそば: 서서 먹는 국수)

타찌구이 소바야(立ち食いそば屋)는 '서서 먹는 국수집'이라는 뜻으로, 전철역 구내 혹은 역 주변에 가면 쉽게 찾아볼 수 있습니다. 우동과 소바는 일본인의 식생활에서는 빼놓을 수 없는 음식이어서 그런지 비록 서서 먹는 국수집이라고 해도 맛은 아주 괜찮은 편입니다. 가격 또한 다른 것에 비해 싸기 때문에 돈 없는 배낭여행자들에게는 고마운 음식이 아닐 수 없지요.

대부분의 타찌구이 소바야는 자동판매기에서 식권을 구입하는 시스템입니다. 그럼 한 번 식권을 사 볼까요?

❶❷ 입구 쪽에 메뉴와 자동판매기가 있죠?

❷ 메뉴 중에서 먹고 싶은 메뉴를 결정!

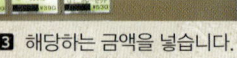

❸ 해당하는 금액을 넣습니다.

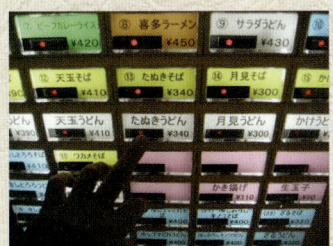

4 금액을 넣으면 메뉴에 불이 켜집니다. 원하는 메뉴를 누르세요.

5 식권을 손안에~.

6 おつり(오쯔리 : 잔돈) 버튼을 누르면 잔돈이 나옵니다.

7 그리고 「食券は こちらに(식권은 이곳으로)」라고 적혀 있는 곳에 가서 식권을 내면 되지요. ♪

8 셀프이므로 다 먹은 후에는 식기를 반환하세요.

중요단어 미리보기

식당	음료	일식	중식
쇼꾸도-	노미모노	와쇼꾸	쥬-까료-리
食堂	飲み物	和食	中華料理
しょくどう	の もの	わ しょく	ちゅう か りょう り

한식	메뉴		젓가락
캉-꼬꾸료-리	메뉴-		오하시
韓国料理	メニュー		お箸
かんこくりょう り			はし

물		물수건	주문
미즈		오시보리	쥬-몽-
水		おしぼり	注文
みず			ちゅうもん

요리	먹다	마시다	지불
료-리	타베루	노무	시하라이
料理	食べる	飲む	支払い
りょう り	た	の	し はら

영수증	카드	현금	여행자수표
레시-또	카-도	겡-킹-	토라베라-즈첵쿠
レシート	カード	現金	トラベラーズチェック
		げんきん	

거스름돈	각자부담	술	안주
오쯔리	와리깡-	오사케	오쯔마미
おつり	割り勘	お酒	おつまみ
	わ かん	さけ	

재떨이	건배	취하다	원샷
하이자라	캄-빠이	요우	익키
灰皿	乾杯	酔う	一気
はいざら	かんぱい	よ	いっ き

한국어	발음	日本語
술집	이자까야	居酒屋 (いざかや)
맛	아지	味 (あじ)
맛있다	오이시-	おいしい
맛없다	마즈이	まずい
달다	아마이	甘い (あま)
딱딱하다	카따이	かたい
맵다	카라이	辛い (から)
쓰다	니가이	苦い (にが)
싱겁다	미즙뽀이	水っぽい (みず)
진하다	코이	こい
짜다	숍빠이	しょっぱい
시다	숩빠이	すっぱい
차다	츠메따이	冷たい (つめ)
미지근하다	누루이	ぬるい
뜨겁다	아쯔이	熱い (あつ)
소금	시오	塩 (しお)
간장	쇼-유	しょうゆ
후추	코쇼-	こしょう
설탕	사또-	さとう
식초	스	酢 (す)
참기름	고마아부라	ごま油 (あぶら)
겨자	카라시	からし
된장	미소	みそ
무즙	다이콩-오로시	大根おろし (だいこん)
마늘	닌-니꾸	にんにく
고추냉이	와사비	わさび

음식

바로바로 회화

주문할 때

💬 어서 오십시오.
이랏샤이마세
いらっしゃいませ。

💬 몇 분이십니까?
난-메-사마데스까
何名さなですか。
なんめい

💬 2명입니다.
후타리데스
二人です。
ふたり

💬 이쪽으로 오십시오.
코찌라에 도-조
こちらへ どうぞ。

💬 죄송합니다만, 지금은 자리가 없습니다.
스미마셍-가, 이마와 만-세끼데 고자이마스
すみませんが、今は 満席でございます。
いま　　まんせき

💬 얼마나 기다리면 되나요?

　　마찌지깡-와 도노구라이데스까
　　待ち時間は どのぐらいですか。

💬 30분 정도가 될 것 같습니다만.

　　산-쥽뿡-구라이니 나루또 오모이마스가
　　３０分ぐらいに なると 思いますが。

음식

💬 그럼 다음에 올게요.

　　데와, 마따 키마스
　　では、また 来ます。

💬 그럼 기다리죠.

　　데와, 마찌마스
　　では、待ちます。

💬 추천 요리는 뭐예요?

　　오스스메와 난-데스까
　　おすすめは なんですか。

💬 주문 받아 주세요.

　　츄-몽- 오네가이시마스
　　注文 お願いします。

💬 저, 여기요.

아노, 스미마셍-

あの、すみません。

💬 돈가스정식 2개 부탁합니다.

통-카쯔테-쇼꾸 후타쯔 오네가이시마스

トンカツ定食　２つ　お願いします。

라면	볶음밥	카레라이스	밥
라-멩-	**챠-항-**	**카레-라이스**	**고항-**
ラーメン	チャーハン	カレーライス	ご飯

생선구이	튀김	닭꼬치구이	우동
야키자카나	**템-뿌라**	**야키토리**	**우동-**
焼き魚	てんぷら	焼き鳥	うどん

💬 생맥주 두 잔 주세요.

나마(나마비-루), 후타쯔 쿠다사이

生(生ビール)、２つ　ください。

물	우롱차	커피	병맥주
오미즈	**우-롱-챠**	**코-히-**	**빙-비-루**
お水	ウーロン茶	コーヒー	ビンビール

💬 이걸로 주세요.

코레니 시마스

これに します。

💬 이건 무슨 요리예요?

코레와 돈-나 료-리데스까

これは どんな 料理ですか。

💬 이건 어떻게 먹어요?

코레와 도-얏떼 타베마스까

これは どうやって 食べますか。

💬 저것과 같은 것을 주세요.

아레또 오나지 모노오 쿠다사이

あれと 同じ ものを ください。

💬 메뉴를 다시 한 번 보여 주세요.

모-이찌도 메뉴-오 미세떼 쿠다사이

もう一度 メニューを 見せて ください。

💬 가장 빨리 되는 건 뭐예요?

이찌방- 하야꾸 데끼루 모노와 난-데스까

一番 早く できる ものは 何ですか。

소바·우동·회전초밥 집에서

💬 이 근처에 우동집이 있습니까?

코노- 치카꾸니 우동-야와 아리마스까
この 近くに うどん屋は ありますか。

메밀국수가게	회전초밥	라면집
소바야	**카이뗀-즈시**	**라-멩-야**
そば屋	回転ずし	ラーメン屋

💬 식권을 구입하시기 바랍니다.

쇽켕-오 오모또메 쿠다사이
食券を お求め ください。

💬 자루소바를 부탁합니다.

자루소바오 오네가이시마스
ざるそばを お願いします。

💬 차는 서비스입니다.

오챠와 사-비스데스
お茶は サービスです。

💬 된장국 주세요.

미소시루오 쿠다사이
みそしるを ください。

💬 네, 알겠습니다.
　　하이, 카시꼬마리마시따
　　はい、かしこまりました。

💭 이것은 무엇입니까?
　　코레와 난데스까
　　これは　何ですか。

💬 오이초밥입니다.
　　캅빠마끼데 고자이마스
　　かっぱ巻きで　ございます。

광어	참치	도미	새우
히라메	**마구로**	**타이**	**에비**
ひらめ	まぐろ	たい	えび

장어	게	전복	연어
우나기	**카니**	**아와비**	**샤케**
うなぎ	かに	あわび	しゃけ

음식

💭 이것도 주세요.
　　코레모 쿠다사이
　　これも　ください。

패스트푸드점에서

💬 근처에 롯데리아는 없나요?
치카꾸니 롯떼리아와 아리마셍-까
近くに ロッテリアは ありませんか。

💬 치즈버거 세트 부탁합니다.
치-즈바-가-셋또 오네가이시마스
チーズバーガーセット お願いします。

💬 더블치즈버거 하나랑 콜라 라지 주세요.
다부루치-즈바-가- 히토쯔또 코-라라-지오 쿠다사이
ダブルチーズバーガー 1つと コーラLを ください。

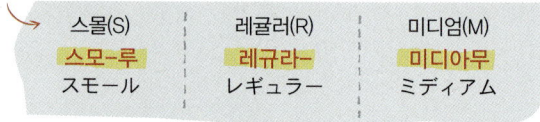

스몰(S)	레귤러(R)	미디엄(M)
스모-루	**레규라-**	**미디아무**
スモール	レギュラー	ミディアム

💬 여기서 드십니까, 포장해 가십니까?
코찌라데 오메시아가리데스까 오모찌카에리데스까
こちらで おめしあがりですか、お持ち帰りですか。

💬 여기서 먹겠습니다.
   코찌라데
   こちらで。

💬 포장해 주세요.
   모찌카에리데스
   持ち帰りです。

💬 주문은 다 하셨습니까?
   고츄-몽-와 이죠-데 요로시-데스까
   ご注文は 以上で よろしいですか。

💬 아니요, 한 가지 더.
   이이에, 모- 히토쯔
   いいえ、もう 1つ。

💬 우유도 주세요.
   규-뉴-모 쿠다사이
   牛乳も ください。

프렌치프라이	케찹	애플파이	딸기잼
후렌-치후라이	**케챱뿌**	**압뿌루파이**	**이찌고쟈무**
フレンチフライ	ケチャップ	アップルパイ	イチゴジャム

음식

🗨 더블치즈버거 하나, 콜라 라지, 합계 520엔입니다.

**다부루치-즈바-가- 히토쯔, 코-라노 라지가 히토쯔데,
고-케- 고햐꾸니쥬-엔-니 나리마스**

ダブルチーズバーが 1つ、コーラの Lが 1つで、
合計 520円に なります。

🗨 520엔 정확하게 받았습니다.

고햐꾸니쥬-엥- 쵸-도 오아즈카리시마스

520円 ちょうど おあずかりします。

마꾸도나루도

우리나라에도 있는 맥도날드 햄버거는 일본에도 역시 많습니다. 이런 패스트푸드점은 늘 보던 친숙한 분위기라서 그런지 외국에서도 왠지 마음 놓고 들어갈 수 있는 곳이 아닌가 싶어요. 일본 맥도날드 역사는 꽤 길어서 1971년에 이미 들어왔으며, 그 점포 수도 2,400여 개에 이른다고 합니다. 재미난 것은 일본에서는 맥도날드를 '마꾸도나루도(マクドナルド)'라고 발음한다는 점입니다. 이는 한국어처럼 다양한 받침이 없는 일본어의 발음 구조상 어쩔 수 없는 것이죠. 도쿄의 젊은이들은 그냥 줄여서 '막꾸(マック)'라고 하고 오사카에서는 '마꾸도(マクド)'라고 부릅니다.

햄버거 가격은 얼마 정도?
- 햄버거 : 정가 120엔 → 60엔
- 치즈버거 : 정가 150엔 → 75엔
- 치즈버거 세트 : 정가 490엔

이 두 가지는 반액 서비스를 무척 자주 함 ♡

술집에서

💬 일본술 한 잔 주세요.

니혼-슈 입빠이 쿠다사이

日本酒 1杯 ください。
にほんしゅ　いっぱい

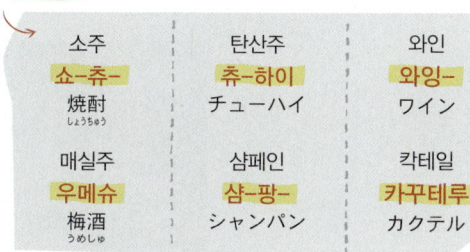

소주	탄산주	와인
쇼-츄-	**츄-하이**	**와잉-**
焼酎	チューハイ	ワイン
しょうちゅう		
매실주	샴페인	칵테일
우메슈	**샹-팡-**	**카꾸테루**
梅酒	シャンパン	カクテル
うめしゅ		

음식

💬 위스키 미즈와리 주십시오.

우이스키-노 미즈와리오 쿠다사이

ウイスキーの 水割りを ください。
　　　　　　みずわ

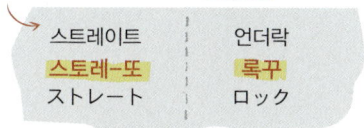

스트레이트	언더락
스토레-또	**록꾸**
ストレート	ロック

💬 재떨이를 주세요.

하이자라오 쿠다사이

灰皿を ください。
はいざら

🗨 안주는 뭐가 맛있어요?

오쯔마미와 나니가 오이시-데스까

おつまみは 何が おいしいですか。
　　　　　なに

💬 닭튀김이 맛있어요.

토리노카라아게가 오이시-데스요

鳥のからあげが おいしいですよ。
とり

🗨 그럼 그걸로 주세요.

데와, 소레오 쿠다사이

では、それを ください。

🗨 생맥주 한 잔 더!

나마비-루 모- 히토쯔

生ビール もう 1つ。
なま　　　　　　ひと

🗨 건배!

캄-빠이

乾杯！
かんぱい

 일본 사람들의 맥주 사랑

일본 사람들은 정~말 정~말 맥주를 좋아합니다. 식당에 가서 식사를 할 때도 꼭 처음엔 맥주 한 잔씩을 마시고 시작하지요. 일반 가정집에 초대를 받아도 마찬가지. 물론 개인에 따라 다르겠지만, 이런 것이 굉장히 일반적입니다. 그러니 어떤 음식점을 가더라도 맥주를 안 파는 곳은 드물 수밖에. 조그만 동네 라면집을 가더라도 맥주를 팔 정도니까요.

한번은 한국에 놀러 온 일본 친구와 명동의 칼국수집에 간 적이 있었습니다. 그런데 이 친구가 대낮에 대뜸 맥주를 달라고 주문하지 않겠어요? 그러나 작은 칼국수집에서는 맥주를 팔지 않았고, 일본 친구는 그 사실을 무척이나 신기하게 생각하더군요.

그만큼 맥주를 좋아해서일까? 일본에는 맥주의 종류도 굉장히 많고, 맥주 맛에도 퍽 까다로운 편입니다. 아사히, 기린, 삿뽀로, 모르츠와 같은 메이저급 맥주 회사들은 언제나 다양한 맥주를 생산하고, 봄이면 봄대로 여름이면 여름대로 각 계절에 맞는 새로운 이름을 붙인 이른바 '기획 맥주'도 만들어 낼 정도입니다. 봄에 나온 기획 맥주 중 '봄이 왔다!!\(^0^)/ 맥주'라는 재미있는 이름의 맥주도 있었답니다. 또 가게에 따라서는 地ビール(치비-루)라고 해서 직접 맥주를 만들어 파는 곳도 있습니다.

여행의 마지막 날 저녁에는 여행의 피로도 잊을 겸 일본 맥주를 한 잔 마셔 보는 게 어떨까요? 캄-빠이~!

계산할 때

💬 계산 부탁드립니다.
오카이케-오 오네가이시마스
お会計を お願いします。

💬 지불은 카운터에서 부탁합니다.
오시하라이와 카운-타-노 호-데 오네가이시마스
お支払いは カウンターの 方で お願いします。

💬 함께 계산해 드릴까요?
고잇쇼데 요로시-데스까
ご一緒で よろしいですか。

💬 따로따로 계산하고 싶은데요.
베쯔베쯔니 하라이따인-데스가
別々に 払いたいんですが。

💬 오늘은 제가 살게요.
쿄-와 와따시가 모찌마스
今日は 私が 持ちます。

💬 잘 먹었습니다.
고찌소-사마데시다
ごちそうさまでした。

트러블

- 이것 좀 치워 주세요.
  코레오 사게떼 쿠다사이
  これを さげて ください。

- 요리가 아직 안 나왔는데요.
  료-리가 마다 코나인-데스가
  料理が まだ 来ないんですが。

- 잠시만 더 기다려 주십시오.
  모-스꼬시 오마찌 쿠다사이
  もう少し お待ちください。

- 많이 기다리셨습니다.
  오마따세이따시마시따
  お待たせいたしました。

- 음식 맛이 조금 이상합니다.
  아지가 춋또 오까시-데스
  味が ちょっと おかしいです。

- 너무 달아요.
  아마스기마스
  甘すぎます。

음식

💬 이건 주문하지 않았는데요.

코레와 츄-몬-시떼 나인-데스가
これは 注文してないんですが。
ちゅうもん

💬 주문한 것과 다릅니다.

츄-몬-시따노또 치가이마스
注文したのと 違います。
ちゅうもん　　　　ちが

💬 머리카락이 들어 있어요.

카미노케가 하잇떼 이마스
髪の毛が 入って います。
かみ　け　　はい

💬 계산이 좀 잘못된 것 같은데요.

케-상-가 춋또 치갓떼 이마스가
計算が ちょっと 違って いますが。
けいさん　　　　　　　　ちが

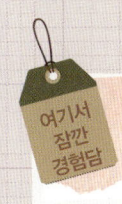
여기서 잠깐 경험담
일본 술집의 자릿세

일본 술집에 갔을 때의 일입니다. 계산을 하려고 하는데, 전표를 유심히 보니 정체 모를 항목이 있는 게 아닌가요?
알고 보니 그것은 자릿세라는 것. 주문한 안주가 나오기 전에 나오는 안주가(우리나라로 말하자면 땅콩이나 과자 같은 기본 안주인 셈이죠) 공짜가 아니라 요금이 붙어 있는 안주이면서 자릿세인 것이었죠. 참고로 그런 안주를 お通し(오토-시)라고 합니다.

▲ 기본 안주는 한 사람당 하나씩 나옵니다.

▲ 도쿄의 이자카야

다행히 크지 않은 금액이라서 "아, 그래요?" 하고 넘어갔지만, 시키지도 않은 기본 안주를 주며 돈을 받는 것이 불만스러웠답니다. 그리고 나와서는 "자릿세를 받다니, 뭐 이런 데가 다 있어!" 하고 불만을 토로했었죠. 그러나 모든 식당이 다 그런 건 아니고, 그렇지 않은 곳도 있답니다.

Chapter 5
도심에서 대중교통 이용하기

도쿄에 가고 싶은데요

東京に行きたいんですが。
도-쿄-니 이키따인-데스가

물가가 비싸기로 유명한 일본. 특히 교통 요금은 실로 장난이 아닙니다. 체력이 된다면 열심히 걸으면서 여행할 수 있겠지만, 넓은 일본을 걸어다니기만 하다가는 되레 시간 낭비, 체력 낭비일 수 있죠. 여기서 대중교통을 이용하는 법을 제대로 알고 넘어갑시다.

- **Part 1** 전철 타기
- **Part 2** 버스 타기
- **Part 3** 택시 타기

Part 1
전철 타기

✈ 일본의 전철

일본 주요 도시의 이동 수단은 JR선과 지하철입니다. JR선은 JR야마노테셍-(山手線), 츄-오-셍-(中央線), 소-부셍-(総武線)으로 구성되어 있으며 최초 운임은 보통 130~150엔입니다.

▲ JR야마노테셍

지하철은 크게 13개 노선으로 이루어져 있는데, 도쿄 메트로(東京メトロ)가 운영하는 노선이 9개, 도에이(都営)가 운용하는 노선이 4개입니다. 운임비는 JR선보다 조금 비싸다고 보면 됩니다.

그 외 사철은 별도 사업자가 운영하는 것으로 주로 시 외곽을 넘나드는 노선이 많으며, 대표적인 노선으로는 나리타 공항을 연결하는 케-세-혼-셍-(京成本線)과 오다이바(お台場)로 갈 때 이용하는 유리카모메(ゆりかもめ)를 들 수 있습니다. 그러나 도쿄로 가는 일본 여행자들이라면 JR야마노테셍만 잘 이용해도 유용할 것입니다.

왜냐하면 신-주쿠(新宿), 시부야(渋谷), 하라주쿠(原宿), 에비스(恵比寿), 우에노(上野), 이케부쿠로(池袋), 아키하바라(秋葉原), 심-바시(新橋) 등 주요 관광지가 모두 JR야마노테셍으로 연결되어 있기 때문이죠.

전철역 안내 방송을 들어보자.

- 마모나꾸 이찌방-센-니 신-주쿠유키노 덴-샤가 마이리마스

  まもなく、一番線に 新宿行きの 電車が 参ります。
  잠시 후, 1번 선에 신주쿠행 전철이 들어옵니다.

- 아부나이데스까라, 키이로이센-노 우찌가와마데 오사가리 쿠다사이

  危ないですから、黄色い線の 内側まで お下がり ください。
  위험하니까 노란 선 안쪽으로 물러나 주시기 바랍니다.

- 핫샤마데 시바라꾸 오마찌 쿠다사이

  発車まで しばらく お待ち ください。
  출발할 때까지 잠시 기다려 주십시오.

- 핫샤이따시마스

  発車いたします。
  출발합니다.

- 도아가 시마리마스. 고츄-이 쿠다사이

  ドアが 閉まります。ご注意 ください。
  문이 닫힙니다. 주의하시기 바랍니다.

- 쯔기와 신-주쿠, 신-주쿠데스

  次は 新宿、新宿です。
  다음은 신주쿠, 신주쿠입니다.

TICKET 자동판매기 이용하기

일본에서 전철이나 지하철을 탈 경우, 자동판매기 이용은 필수입니다. 사실 자동판매기 이용은 그리 어렵지 않죠. 가려고 하는 곳의 요금을 보고 그만큼의 요금을 넣으면 승차권이 나오니까요. 그래도 처음 보면 아주 헷갈린답니다. 저도 처음에는 목적지 찾기부터, 어떤 선을 타고 가야 하는지, 어디에서 갈아타야 하는지, 요금은 얼마인지를 몰라 많이 난감했었죠.

자, 그럼 자동판매기 이용 순서를 한번 볼까요?

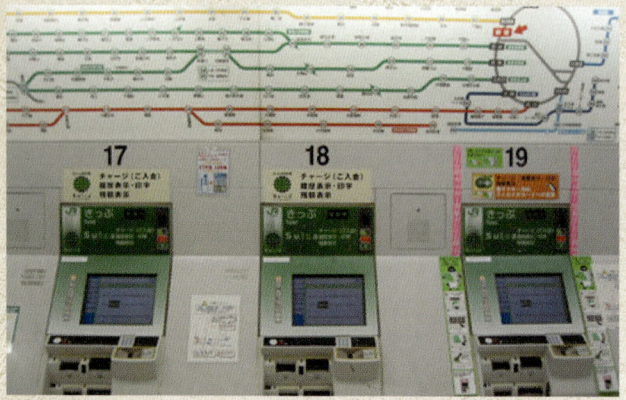

1 자동판매기 위에 노선도가 보일 겁니다. 노선도에는 현재 자기가 있는 역이 빨간색으로 표시되어 있습니다. 가려고 하는 역을 먼저 찾은 다음 목적지 아래 부분에 쓰인 요금 숫자를 확인하세요.

2 요금 투입구는 동전 넣는 곳과 지폐를 넣는 곳으로 나뉘어져 있습니다. 동전이나 지폐를 넣습니다.

3 요금을 넣으면 해당 지역의 요금이 표시된 화면이 나옵니다. 그러면 가려고 하는 역의 요금 숫자를 누르면 됩니다. 만약 요금을 넣고 나서 승차권 구입 취소를 하고 싶을 경우에는 지폐 투입구 위쪽에 있는 취소 버튼을 누르세요.

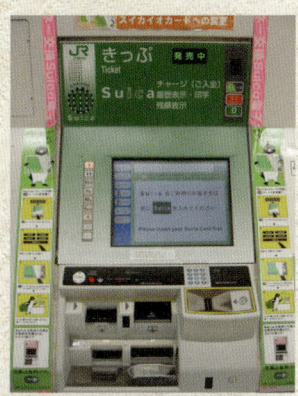

4 승차권 GET!
만일 목적지의 요금 숫자를 잘못 눌러서 잘못된 승차권이 나왔을 경우에는 일단 그냥 타세요. 목적지 역에 도착해서 개찰구를 나가기 전에 요금 정산기를 이용하면 되니까요.

5 정산기 이용
요금 정산기의 승차권 투입구에 본인이 가지고 있는 승차권을 넣습니다. 요금이 부족하면 초과된 금액만큼의 숫자가 표시됩니다. 요금을 더 넣으면 새 승차권이 나오고 그 승차권으로 개찰구를 통과하면 됩니다. 만약 요금 정산기를 발견하지 못했을 경우에는 개찰구 옆에 있는 역무원에게 본인이 가지고 있는 승차권을 보여 주세요.

교통

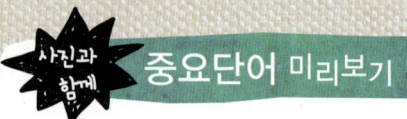 **중요단어** 미리보기

전철역
에끼
駅
えき

표
킵뿌
切符
きっぷ

매표소
킵뿌우리바
切符売り場
きっぷうば

출구
데구찌
出口
でぐち

화장실
케쇼―시쯔
化粧室
けしょうしつ

출발
슙빠쯔
出発
しゅっぱつ

도착
토―챠꾸
到着
とうちゃく

정차
테―샤
停車
ていしゃ

갈아타기
노리카에
乗り換え
のか

종착역
슈―챠쿠에끼
終着駅
しゅうちゃくえき

편도
카따미찌
片道
かたみち

왕복
오―후쿠
往復
おうふく

역무원
에끼인―상―
駅員さん
えきいん

물품보관함
코인―록카―
コインロッカー

개찰구
카이사쯔구찌
改札口
かいさつぐち

JR안내센터
제―아루 인―호메―숀―센―타―
ＪＲインフォメーションセンター
ジェーアル

안내소
안―나이죠
案内所
あんないじょ

녹색창구
미도리노마도구찌
みどりの窓口
まどぐち
(JR승차권(승차권, 특급권, 지정석권 등)을 발권하는 창구)

정산기
세-산-키
精算機
せいさん き

시각표
지코꾸효-
時刻表
じ こくひょう

운행시간표
다이야
ダイヤ

신칸센 타는 곳
신-칸-센-노리바
新幹線のりば
しんかんせん

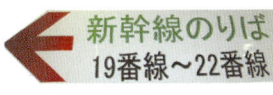

역사무실
에끼지무시쯔
駅事務室
えき じ む しつ

자동발매기
지도-하쯔바이키
自動発売気
じ どうはつばい き

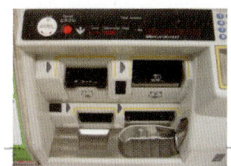

JR선 환승 전용 입구입니다. 출구가 아닙니다.
제-아루센- 노리카에셍-요-구찌데스. 데구찌데와 아리마셍-
ＪＲ線 のりかえ専用口です。出口では ありません。
ジェーアルせん   せんようぐち   でぐち

역 찾기

💬 역은 어디에 있습니까?
   에끼와 도꼬니 아리마스까
   駅は どこに ありますか。

💬 근처에 전철역이 있습니까?
   치카꾸니 에끼와 아리마스까
   近くに 駅は ありますか。

💬 저 건물 옆에 있습니다.
   아노 비루노 토나리니 아리마스
   あの ビルの となりに あります。

왼쪽	오른쪽	앞	뒤
히다리가와	**미기가와**	**마에**	**우시로**
左側	右側	前	後ろ

💬 저를 따라 오세요.
   와따시니 쯔이떼 키떼 쿠다사이
   私に ついて きて ください。

표 사기

💬 승차권 파는 곳을 가르쳐 주십시오.

킵뿌우리바오 오시에떼 쿠다사이

切符売り場を 教えて ください。

💬 저기입니다.

아소꼬데스

あそこです。

여기	거기	어디
코꼬	**소꼬**	**도꼬**
ここ	そこ	どこ

💬 긴자까지는 얼마입니까?

긴-자마데와 이꾸라데스까

銀座までは いくらですか。

💬 노선도를 주세요.

로센-즈오 쿠다사이

路線図を ください。

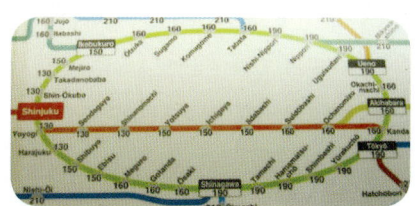

열차 종류

💬 이 열차는 각역정차입니까?

코노 덴-샤와 카꾸에끼테-샤데스까

この 電車は 各駅停車ですか。
　　　でんしゃ　　　かくえきていしゃ

💬 나카노 역에 쾌속도 서나요?

나까노에끼니 카이소꾸모 토마리마스까

中野駅に 快速も 止まりますか。
なか の えき　　かいそく　　と

여행 TIP

일본의 전철은 속도에 따라 4가지로 나뉩니다. 모든 역을 다 정차하는 열차를 各駅停車(카꾸에끼테-샤:각역정차)라고 하고, 보통→쾌속→급행→특급의 순으로 정차하는 역이 적어지며 그 운행 속도도 빨라집니다.

승차 및 갈아타기

💬 이 전철은 긴자 역에 갑니까?

코노 덴-샤와 긴-자에끼에 이키마스까

この 電車は 銀座駅へ 行きますか。

신-주쿠	시부야	하라주쿠	이케부쿠로
新宿	渋谷	原宿	池袋
しんじゅく	しぶや	はらじゅく	いけぶくろ

💬 네, 맞습니다.

하이, 소-데스

はい、そうです。

💬 아니요, 반대편이에요.

이-에, 한-따이가와데스

いいえ、反対側です。

💬 긴자로 가는 전철은 몇 번 홈에서 탑니까?

긴-자유키노 덴-샤와 남-방-호-무데 노리마스까

銀座行きの 電車は 何番ホームで 乗りますか。

💬 1번 홈입니다.

이찌방-호-무데스

一番ホームです。

💬 어느 역에서 갈아타야 합니까?

도노 에끼데 노리카에마스까

どの 駅で 乗り換えますか。

💬 우에노 역에서 갈아타면 됩니다.

우에노에끼데 노리카에마스

上野駅で 乗り換えます。

💬 서쪽 출구는 어디예요?

니시구찌와 도꼬데스까

西口は どこですか。

동	남	북
히가시	**미나미**	**키타**
東	南	北
ひがし	みなみ	きた

여행 Tip. 실수하기 쉬운 '일본 전철 갈아타기'

일본의 전철·지하철·사철을 이용할 때 가장 불편한 점은 우리나라처럼 선과 관계없이 갈아탈 수 있는 시스템이 아니라는 점입니다. 각각 다른 회사의 전철, 지하철, 사철로 갈아탈 때는 일단 표를 내고 나온 다음, 자기가 타려는 노선의 표를 사서 다시 들어가야 합니다. 우리나라 전철에 익숙한 여행자들에게는 이런 시스템이 굉장히 복잡하게 느껴집니다.

요금은 우리나라처럼 거리·지역별 차등 요금제를 실시하고 있으므로 본인의 목적지가 정확히 어디인지, 어디에서 갈아타야 하는지, 얼마인지를 꼼꼼히 살펴본 뒤 움직이시기 바랍니다.

SOS

🗨 전철을 잘못 탔어요.

노리마찌가에떼 시마이마시따
乗り間違えて しまいました。

🗨 내릴 역을 지나쳤어요.

노리코시떼 시마이마시따
乗り越して しまいました。

🗨 표를 잃어 버렸어요.

킵뿌오 나꾸시마시따
切符を なくしました。

💬 어디에서 타셨습니까?

도꼬데 노리마시타까
どこで 乗りましたか。

🗨 전철에 물건을 두고 내렸어요.

덴－샤니 와스레모노오 시마시따
電車に 忘れ物を しました。

💬 역무원에게 물어보세요.

에끼인－상－니 키이떼 미떼 쿠다사이
駅員さんに 聞いて みて ください。

Part 2
버스 타기

✈ 일본의 버스

일본의 버스는 각 지자체별로 버스 요금과 승하차 시스템이 달라서, 뒷문으로 승차를 하고 앞문으로 내리면서 이동거리만큼 요금 정산을 하는 경우가 있는가 하면, 도쿄 도에이(都営) 버스는 한국과 똑같이 일정 요금을 낸 뒤 앞문으로 탑승하도록 되어 있기도 합니다. 일본 주요 도시 내에서 초보 여행자가 버스를 이용하기에는 사실 어려운 점이 많아서 저는 되도록 전철과 지하철을 추천합니다.

일본 버스는 우리나라 버스와 크게 다른 점은 없어 보이지만, 일본의 버스 운전사는 대부분 검은색 조끼와 모자를 쓰고 마이크를 사용하여 안내 방송을 해 준다는 점. 그리고 급정차, 급제동이 없는 것이 우리나라 버스와 다른 점이라고나 할까요?

일본 친구들이 한국에 놀러 와서 버스를 타면 대부분이 무서워하거나 놀라는 경우가 많지요. 그럴 때마다 저는 농담조로 이렇게 말한답니다.

"일본보다 스릴 있고 더 재미나지 않니?"

"응? 응……." (고개를 끄덕이면서도 놀라면서도 긴장한 모습이 역력하더군요.)

▲ 일본의 버스

버스에서 볼 수 있는 표지판

•))) 오오리노 카따와 코노 보탕-오 오시떼 쿠다사이

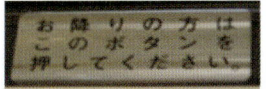

お降りの 方は この ボタンを 押して ください。

내리실 분은 이 버튼을 눌러 주세요.

•))) 토마루마데 세끼오 타따나이데 쿠다사이

止まるまで 席を 立たないで ください。

멈출 때까지 자리에서 일어나지 마세요.

•))) 히죠-노 바아이와 코노 카바-노 죠-부오 히키, 나까노 한-도루오 요꼬니 마와시떼 도아오 아께떼 쿠다사이

非常の 場合は この カバーの 上部を 引き、中の ハンドルを 横に 回して ドアを 開けて ください。

비상 시에는 이 커버의 윗부분을 당겨 안에 있는 핸들을 옆으로 돌려서 문을 열어 주세요.

•))) 코꼬와 유-센-세끼데스. 오토시요리야 카라다노 후지유-나 카타니 세끼오 오유즈리 쿠다사이

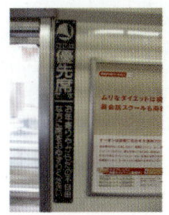

ここは 優先席です。お年寄りや 体の 不自由な 方に 席を おゆずり ください。

여기는 우선석입니다. 어르신이나 몸이 불편한 분에게 자리를 양보해 주십시오.

버스 이용하기

일본에서 버스 타기 간접체험(도쿄 도에이(都営)의 경우)

목적지 안내 방송을 모르거나 어디에서 내려야 할지 모를 경우에는 차가 정류장에 완전히 정차했을 때 운전사에게 살짝 물어보세요. 일본어가 서투르면 어때요, 그냥 도착지 이름만 이야기해도 되지요. 도전 도전!

❶ 원하는 목적지로 가는 버스 정류장에 대기.

2 버스가 오면 앞문으로 승차. 이때 동전이나 지폐로 요금을 지불해야겠죠? 도에이(都営) 버스의 경우에는 거리 요금제가 아니므로 대체적으로 1회 승차 시 206엔입니다. 입구에 있는 기계에 돈을 넣으면 자동으로 잔돈이 나옵니다.
단, 5,000엔, 10,000엔 지폐 등은 넣지 마세요. 거스름돈을 받기가 힘들답니다.

3 빈자리를 찾아서. (제 경험상 도에이 버스에는 대개 빈자리가 많았습니다.)

4 목적지 도착 안내 방송이 나오면 벨을 누릅니다.

사진과 함께 중요단어 미리보기

버스 정류장
바스테-
バス停
てい

시내버스
시나이바스
市内バス
しない

관광버스
캉-꼬-바스
観光バス
かんこう

노선도
로센-즈
路線図
ろせんず

금연
킹-엥-
禁煙
きんえん

좌석
자세끼(세끼)
座席(席)
ざせきせき

버튼
보탕-
ボタン

멈추다
토마루
止る
とま

비상구
히죠-구찌
非常口
ひじょうぐち

우선석
유-센-세끼
優先席
ゆうせんせき

운임
운-찡-
運賃
うんちん

요금함
운-찡-바꼬
運賃箱
うんちんばこ

지폐 환전
시헤-료-가에
紙幣両替
しへいりょうがえ

입구
이리구찌
入口
いりぐち

출구
데구찌
出口
でぐち

바로바로 회화

버스에서

💬 죄송한데요, 버스 정류장은 어디에 있나요?
  스미마셍-, 바스테-와 도꼬니 아리마스까
  すみません、バス停は どこに ありますか。

💬 신주쿠에 가려고 하는데 몇 번 버스를 타야 하나요?
  신-주쿠니 이키따인-데스가, 남-방- 바스니 노레바 이이데스까
  新宿に 行きたいんですが、何番 バスに 乗れば いい ですか。

💬 이 버스, 신주쿠에 가나요?
  코노 바스, 신-주쿠니 이키마스까
  この バス、新宿に 行きますか。

💬 네, 가요.
  하이, 이키마스
  はい、行きます。

💬 아니요, 안 가요.

　　이이에, 이키마셍-
　　いいえ、行きません。

🗨 버스 요금은 얼마예요?

　　바스노 료-킹-와 이꾸라데스까
　　バスの　料金は　いくらですか。

💬 200엔입니다.

　　니햐꾸엔-데스
　　二百円です。

🗨 우에노 공원을 지나가요?

　　우에노코-엥-오 토오리마스까
　　上野公園を　通りますか。

🗨 신주쿠까지 얼마나 걸리나요?

　　신-주쿠마데 도노구라이 카까리마스까
　　新宿まで　どのぐらい　かかりますか。

🗨 도착하면 알려 주시겠어요?

　　츠이따라 오시에떼 쿠다사이
　　着いたら　教えて　ください。

💬 다음에 내리세요.

쯔기데 오리떼 쿠다사이

次で 降りて ください。

🗨 여기에서 내리세요.

코꼬데 오로시떼 쿠다사이

ここで 降ろして ください。

일본 친구가 한국에 놀러 왔을 때의 에피소드

시내버스를 같이 탄 일본 친구가 스피커에서 나오는 노래를 듣고서는 하는 말.
"지금 들리는 노래는 버스 회사에서 정한 노래야?"
"아니, 운전사 마음인데……."
"에…….." (신기하다는 듯)
그러고 보니 일본에서 버스를 탔을 때 음악을 들었던 기억이 없는 것 같아요.
혹시 들으신 분?

Part 3
택시 타기

✈ 일본의 택시

일본에서 택시를 탈 때 가장 편리한 점은 뒷문이 자동문이라는 점입니다. 그래서 타고 내릴 때 문을 여닫을 필요가 없어서 짐이 많을 때 무척 편리하답니다. 단, 앞문은 우리나라와 같이 직접 열고 닫아야 합니다.

요금 계산은 현금으로 할 수도 있고 신용카드로도 가능합니다. 신용카드 결제는 대부분 일본 국내용 신용카드라야 하지만, 간혹 마스터카드(Master Card)나 비자카드(Visa Card)로도 계산할 수 있는 택시도 있습니다.

그러나 일본의 택시비는 매우 비싸다는 사실!

보통 도쿄의 경우 기본 요금이 약 730엔(2km) 정도이니 잠깐 타고 가다 보면 몇 천 엔은 금방 나오게 됩니다. 따라서 웬만하면 전철이나 지하철이 끊기기 전에 숙소로 돌아가는 것이 현명하지요.

일본 샐러리맨들은 간혹 택시비가 아까워서 가라오케 같은 곳에서 아예 밤새 놀거나 캡슐호텔에서 자기도 한답니다.

▲ 일본 택시

택시에서 볼 수 있는 표지판

•))) 코노 타꾸시-와 신-야운-찡-오 네사게시마시따

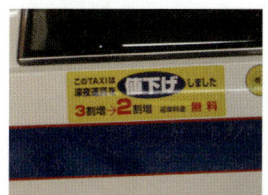

この TAXI は 深夜運賃を
　　タクシー　　　しんやうんちん
値下げしました。
ねさ
이 택시는 심야운임을 내렸습니다.

•))) 쿠-샤

空車
くうしゃ
빈 차

•))) 하쯔노리 니키로 록뺘꾸 로꾸쥬-엥-

初乗　２キロ　￥６６０
はつのり　に　　　　　ろっぴゃくろくじゅう
기본 요금 2km 660엔

•))) 크레짓또카-도 고리요- 오-케-

クレジットカード　ご利用　O.K.
　　　　　　　　　　りよう　オーケー
신용카드 사용 OK

택시를 이용할 때

전철, 지하철 역 주변에는 택시가 많습니다. 도쿄도 교통 체증이 심하므로 웬만한 거리는 전철, 지하철로 이동하는 편이 좋지만, 전철, 지하철로 가기 애매한 거리나 짐이 많아 어쩔 수 없이 택시를 탈 경우를 대비하여 택시를 이용하는 방법을 간단히 알아볼까요?

택시 타기

1. 택시 정류장(タクシー乗り場)이나 그 밖의 택시가 잡힐 만한 곳에서 손을 흔들면 대부분 섭니다. (우리나라랑 같아요~.)
2. 택시를 탈 때는 뒷문이 자동으로 열린다는 점을 잊지 마세요.
3. 탑승. (되도록이면 조수석에는 앉지 말도록 합시다. 일본에는 합승이 없으니까 조수석에 앉을 필요가 전~혀~ 없어요.)
4. 도착하면 현금 또는 신용카드로 결제합니다. (단, 신용카드의 경우 결제가 가능한 카드인지 확인해야죠~.)
5. 내릴 때도 뒷문은 자동으로 닫힙니다. (비올 때 아주 편리해요.)

교통

택시에서 내리기

▲택시 안

사진과 함께 중요단어 미리보기

택시 정류장
타꾸시-노리바
タクシー乗り場
の ば

빈 차
쿠-샤
空車
くうしゃ

잔돈
오쯔리
おつり

기본 요금
키혼-료-킹-
基本料金
きほんりょうきん

영수증
료-슈-쇼-
領収証
りょうしゅうしょう

에어컨
에아콩-
エアコン

히터
담-보-
暖房
だんぼう

운전기사
운-뗀-슈상-
運転手さん
うんてんしゅ

빨간불
아까싱-고-
赤信号
あかしんごう

파란불
아오싱-고-
青信号
あおしんごう

짐
니모쯔
荷物
に もつ

트렁크
토랑-쿠
トランク

주소
쥬-쇼
住所
じゅうしょ

창문
마도
窓
まど

길
미찌
道
みち

모퉁이
카도
角
かど

교차로
코-사뗑-
交差点
こう さ てん

일방통행
입뽀-쯔-코-
一方通行
いっぽうつうこう

고속도로
코-소꾸도-로
高速道路
こうそくどう ろ

붐비다
코무
込む
こ

 바로바로 회화

택시에서

💬 택시 정류장은 어디입니까?
　　타꾸시-노리바와 도꼬데스까
　　タクシー乗り場は どこですか。

💬 짐이 있는데 트렁크 좀 열어 주시겠어요?
　　니모쯔가 아루노데 토랑-쿠오 아케떼 모라에마스까
　　荷物が あるので トランクを 開けて もらえますか。

💬 도쿄 호텔로 가 주세요.
　　도-쿄-호테루마데 오네가이시마스
　　東京ホテルまで お願いします。

💬 이 주소로 가 주세요.
　　코노 쥬-쇼니 잇떼 쿠다사이
　　この 住所に 行って ください。

💬 시간은 얼마나 걸리나요?
　　지캉-와 도노구라이 카까리마스까
　　時間は どのぐらい かかりますか。

💬 얼마 정도 나올까요?

이꾸라구라이 카까리마스까
いくらぐらい かかりますか。

💬 좀 바빠서 그러는데, 빨리 가 주시겠어요?

춋또 이소기나노데, 하야꾸 잇떼 모라에마스까
ちょっと 急ぎなので、早く 行って もらえますか。

💬 좀 더운데 에어컨 좀 켜 주시겠어요?

춋또 아쯔인-데스가, 에아콩-오 츠케떼 모라에마스까
ちょっと 暑いんですが、エアコンを つけて もらえますか。

💬 추운데 창문 좀 닫아 주시겠어요?

사무이노데, 마도오 시메떼 쿠다사이마셍-까
寒いので、窓を 閉めて くださいませんか。

💬 담배 피워도 되나요?

타바꼬오 슷떼모 이이데스까
タバコを 吸っても いいですか。

💬 여기서 똑바로 가 주세요.
　　코꼬까라 맛스구 잇떼 쿠다사이
　　ここから まっすぐ 行って ください。

💬 여기서 좌회전 해 주세요.
　　코꼬데 히다리니 마갓떼 쿠다사이
　　ここで 左に 曲がって ください。

💬 여기서 세워 주세요.
　　코꼬데 토메떼 쿠다사이
　　ここで 止めて ください。

💬 여기서 잠깐 기다려 주세요.
　　코꼬데 춋또 맛떼 이떼 쿠다사이
　　ここで ちょっと 待って いて ください。

Chapter 6
쇼핑 즐기기

이것은 얼마입니까?

これは いくらですか。

코레와 이꾸라데스까

쇼핑가를 둘러보는 것도 재미있는 문화 체험이 될 수 있습니다. 그러다가 저렴하고 특색 있는 기념품을 발견한다면 여행의 추억으로 하나쯤 사서 간직해도 좋겠죠! 일본은 앙증맞은 캐릭터 상품들을 비롯해 다양한 전자 제품이 많아 자칫하면 과소비를 할 수도 있으므로 주의하세요.

쇼핑 즐기기

✈ 가볼 만한 쇼핑 장소

1 백화점·상점

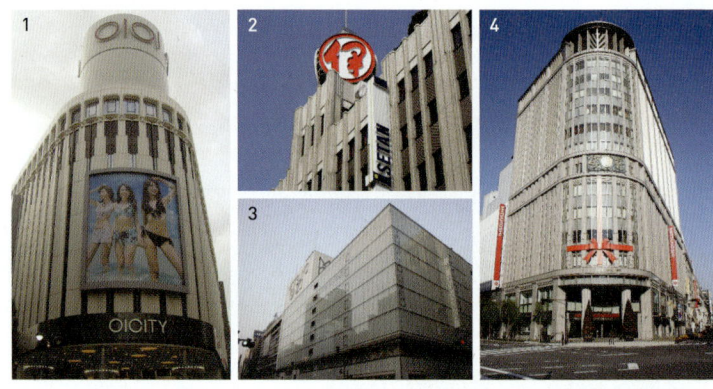

1 마루이시티 시부야점   2 이세탄 신주쿠 본점
3 마쯔야 긴자 본점   4 미쯔코시 니혼바시 본점

#
백화점

도쿄에서 유명한 백화점으로는 미쯔코시(三越), 이세탕-(伊勢丹), 다카시마야(高島屋), 세-부(西部), 한-큐-(阪急), 마루이(マルイ) 백화점 등을 들 수 있습니다. 번화가를 중심으로 분포되어 있으며 젊은이들은 주로 마루이 백화점을, 중장년층은 미쯔코시나 이세탄 백화점을 선호하는 편입니다. 또한 긴자에 있는 마쯔야(松屋) 같은 백화점에서는 명품과 고가의 상품을 많이 볼 수 있습니다.

\#
100엔샵

100엔샵은 말 그대로 상점 안의 거의 모든 물건값이 100엔인 상점입니다. 간혹 100엔을 초과하는 물건이 진열되어 있기도 합니다. 100엔이니까 허술한 물건만 있는 거 아니냐고 생각할 수도 있겠지만, 의외로 "이게 100엔이야?"라고 할 정도로 좋은 물건이 많답니다.

\#
전통기념품

일본 전통의 분위기가 담겨 있는 기념품이나 선물을 사고 싶다면 도쿄 아사쿠사(浅草)의 나까미세(仲見世)로 가 보세요. 아사쿠사의 대표적인 명물인 '카미나리몬-(雷門)'을 통과하면 바로 에도(江戸) 시대부터 이어져 온 약 90여 개의 상점이 늘어서 있는 나까미세가 시작됩니다.

길 양옆으로 전통 공예품, 인형, 먹거리, 각종 선물가게가 늘어서 있습니다. 마치 우리나라의 인사동 길을 연상시키는 곳이죠.

▲ 100엔샵 캔·두(can·do)

▲ 아사쿠사 나까미세 상점가

2 전자제품

중고 CD, 게임, 소프트웨어, 디지털카메라, 비디오카메라, 만화, 캐릭터 상품 등 정말 없는 게 없을 정도로 상점이 빽빽히 늘어서 있는 곳이 아키하바라입니다. 우리나라의 용산 전자상가 같은 곳이지요. 이곳은 하도 명성이 자자해서 이젠 그 이름을 못 들어 본 사람이 없을 정도라더군요. 아키하바라만 제대로 구경하려고 해도 아마 반나절 이상은 걸릴 겁니다.

아키하바라에 필적할 만한 전자제품 쇼핑센터로는 빅꾸카메라(ビックカメラ)나 요도바시카메라(ヨドバシカメラ) 등이 있습니다. 이곳은 디지털카메라를 비롯하여 DVD, 멀

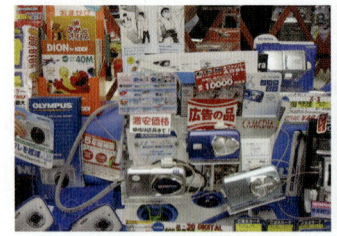

▲ 요도바시카메라 매장과 층별 안내

티미디어, PC, OA, 가전제품이 1층부터 7, 8층까지 종류별로 진열되어 있어 쇼핑하기에도 편리합니다.

3 중고 CD와 만화책 가게

일본 음악을 좋아하는 사람이라면 중고 CD가게는 어떨까요?

일본은 싱글CD라고 해서 CD에 두세 곡 정도만 들어가 있는 작은 크기의 음악 CD가 매우 일반적입니다. 그 가격이 신품인 경우에는 보통 1,000엔 정도 하는데, 중고품 매장에서는 약 100엔 정도에 살 수 있지요. 더욱이 제법 오래된 노래라면 100엔에 CD 여러 장도 살 수 있습니다. 중고품이라고 해도 앨범 재킷까지 완벽하게 구비되어 신품과 다름없는 것이 일본 중고 CD의 특징이므로 볼품없을 것이라는 생각은 하지 마세요.

또한 이런 곳은 중고책을 같이 판매하기도 합니다. 일본 만화책이나 애니메이션, 일러스트집 등을 구입하려는 분들에게도 강력 추천!

▲ 중고책이나 CD를 사고파는 BOOK · OFF 체인점

4 생활제품

'Creative Life Store'라는 슬로건 아래 창조적인 생활상품을 파는 대표적인 쇼핑센터, 토큐한즈(TOKYU HANDS). 개인적으로 오래전부터 한국에도 토큐한즈가 있으면 좋겠다고 생각했을 만큼 제가 아주 좋아하는 곳입니다. 토큐한즈는 젊은 사람들뿐만 아니라 다양한 연령층에게도 인기가 있는 곳으로, 각종 아이디어 상품, 문구, 파티용품, 아동용품, 디자인용품, 인테리어용품, 건강 상품 등 없는 것이 없을 정도로 다양한 상품이 있습니다. 도쿄에는 대표적으로 긴자, 시부야, 신주쿠, 이케부쿠로 등에 점포가 있으며 오사카에는 신사이바시(心斎橋) 등에 점포가 있습니다.

▲ 토큐한즈 매장 입구

5 옷가게

#
유니쿠로(ユニクロ)

한국에도 진출해 있는 일본 최대의 의류 소매 브랜드인 '유니클로(UNIQLO)'. 높은 품질에 비해 저렴한 가격으로 일본인들의 사랑을 듬뿍 받는 브랜드이죠.

▲ 유니클로 로고

▲ 높은 품질에 저렴한 유니클로

#
무지루시료-힝-(無印良品)

일본인들이 흔히 '무지' 또는 '무지루시'라고 부르는 무인양품 역시 한국에도 진출한 일본의 유명 브랜드입니다. '無印良品'란 '브랜드는 없지만 품질은 좋은 상품'이라는 뜻으로, 브랜드를 없애 거품 가격을 빼겠다는 의도로 만들어졌습니다. 의

▲ 자연주의 디자인의 무인양품

류, 생활잡화, 가구, 문구 등에 이르기까지 다양한 상품을 판매하는 이곳은 심플한 디자인을 좋아하는 사람들에게 인기가 많습니다.

6 서점

#
키노꾸니야(紀伊国屋)

도쿄에 있는 대표적인 서점이라면 아마도 신주쿠에 있는 키노꾸니야가 아닐까 합니다. 신주쿠 역 히가시구찌(東口)로 나가서 바로 오른쪽을 보면 신주쿠 츠타야(新宿TSUTAYA)가 있고, 그 바로 길 건너편 방향에 자리잡고 있습니다. 지하 1층부터 지상 6층까지 책으로 가득하며 특히 전문서적이 다른 서점보다 풍부한 것으로 정평이 나 있습니다. 그리고 신주쿠의 미나미구찌(南口)로 나가면 타까시마야(高島屋) 백화점 옆에 키노꾸니야가 한 곳 더 있습니다. 일본에 관한 자료를 구하려는 사람에게 권해주는 곳입니다.

※ 신주쿠 본점 개점시간: 10:00~21:00
　신주쿠 남부점 개점시간: 10:00~20:30

▲ 키노꾸니야 신주쿠 본점

▲ 키노꾸니야 신주쿠 남부점

칸-다(神田)

도쿄에서 JR선을 타고 오챠노미즈(お茶の水) 역이나 스이도-바시(水道橋) 역에서 내리면 300년의 역사를 지닌 고서점 거리로 갈 수 있습니다. 크고 작은 서점이 즐비한 이곳에서는 동·서양의 전문 서적부터 소설·잡지·만화책 등을 놀랄 만큼 싼 가격에 살 수 있습니다. 매년 가을에는 '고서적 축제'도 열린답니다.

▲ 고서점 거리로 유명한 칸다

진학자료관(進学資料館)

2001년 4월 도쿄 타카다노바바(高田馬場)에 개설되어 각종 일본 생활정보, 일본 학교 정보를 한눈에 볼 수 있었던, 일본 진학자료관이 2013년 4월 폐관되어 현재는 온라인에서만 서포트하고 있습니다. 이곳은 일본 유학을 계획하고 있거나 유학 중인 사람들에게 매우 유용한 곳으로 단순한 일본 여행 정보를 벗어나 일본과 관련된 많은 정보를 구할 수 있었는데, 아쉽습니다.

- 홈페이지 www.goto-japanschool.jp
- 전화 : 03-3360-7998

중요단어 미리보기

의복

의복	신사복	아동복	양복
후꾸	신-시후꾸	코도모후꾸	스-쯔
服	紳士服	子供服	スーツ
ふく	しんしふく	こどもふく	

원피스	바지	셔츠	청바지
완-피-스	즈봉-	샤쯔	지-팡-
ワンピース	ズボン	シャツ	ジーパン

스커트	블라우스	재킷	코트
스카-또	브라우스	쟈켓또	코-또
スカート	ブラウス	ジャケット	コート

긴팔	반팔	민소매	넥타이
나가소데	한-소데	노-스리-브	네꾸타이
長そで	半そで	ノースリーブ	ネクタイ
なが	はん		

손수건	모자	스카프	스타킹
항-카치	보-시	스카-후	스톡킹-구
ハンカチ	帽子	スカーフ	ストッキング
	ぼうし		

양말	목도리	신발	운동화	샌들
쿠쯔시타	마후라-	쿠쯔	스니-카-	산-다루
靴下	マフラー	くつ	スニーカー	サンダル
くつした				

전자제품&그 외

전자제품	디지털카메라	비디오카메라	컴퓨터
뎅-키세-힝-	데지타루카메라	비데오카메라	파소콩-
電気製品 (でんきせいひん)	デジタルカメラ	ビデオカメラ	パソコン

노트북	게임기	CD플레이어	손목시계
노-또파소콩-	게-무키	시-디-프레-야-	우데도케-
ノートパソコン	ゲーム機 (き)	CDプレーヤー (シーディー)	うで時計 (どけい)

전기밥솥	음악 CD	중고 CD	만화
뎅-키스이항-키	옹-가꾸시-디-	츄-코시-디-	망-가
電気炊飯器 (でんきすいはんき)	音楽CD (おんがくシーディー)	中古CD (ちゅうこシーディー)	漫画 (まんが)

화장품

화장품	향수	매니큐어	선크림
케쇼-힝-	코-스이	마니큐아	히야케도메
化粧品 (けしょうひん)	香水 (こうすい)	マニキュア	日焼け止め (ひやどめ)

팩	마사지	파운데이션	아이섀도
팍꾸	맛사-지	환-데-숑-	아이샤도-
パック	マッサージ	ファンデーション	アイシャドー

립스틱	마스카라	기름종이	화장수
쿠찌베니	마스카라	아부라토리가미	케쇼-스이
口紅 (くちべに)	マスカラ	油とり紙 (あぶらがみ)	化粧水 (けしょうすい)

메이컵 리무버	촉촉하게	산뜻하게	매끈매끈
메이쿠오또시	싯또리	삽빠리	쯔루쯔루
メイク落とし (お)	しっとり	さっぱり	つるつる

바로바로 회화

쇼핑 장소 찾아가기

💬 빅꾸카메라는 어디에 있습니까?

빅꾸카메라와 도꼬니 아리마스까
ビックカメラは どこに ありますか。

면세점	100엔샵	편의점	백화점
멘-제-뗑-	**햐꾸엔-숍뿌**	**콤-비니**	**데파-또**
免税店	百円ショップ	コンビニ	デパート
めんぜいてん	ひゃくえん		

서점	빵집	약국	미용실
홍-야	**팡-야**	**쿠스리야**	**비요-잉-**
本屋	パン屋	薬屋	美容院
ほん や	や	くすり や	び よういん

💬 횡단보도를 건너서 오른쪽으로 가세요.

오-단-호도-오 와탓떼 미기노호-니 잇떼 쿠다사이
横断歩道を わたって 右の方に 行って ください。
おうだん ほ どう　　　　　　みに　ほう　　い

💬 여기에서 토큐한즈까지 걸어서 갈 수 있나요?

코꼬까라 토-큐-한-즈마데 아루이떼 이케마스까
ここから 東急ハンズまで 歩いて 行けますか。
　　　　とうきゅう　　　　 ある　 い

💬 얼마나 걸리나요?

　　도노구라이 카까리마스까
　　どのぐらい かかりますか。

💬 추천하고 싶은 선물가게가 있나요?

　　오스스메노 오미야게야와 아리마스까
　　おすすめの お土産屋は ありますか。

💬 액세서리는 어디에서 살 수 있나요?

　　아꾸세사리-와 도꼬데 카에마스까
　　アクセサリーは どこで 買えますか。

💬 아동복 코너는 어디입니까?

　　코도모후꾸 코-나-와 도꼬데스까
　　子供服コーナーは どこですか。

💬 5층입니다.

　　고까이니 나리마스
　　5階に なります。

쇼핑

물건 사기

💬 뭔가 찾고 계십니까?
나니까 오사가시데스까
何か お探しですか。

💬 그냥 좀 보는 거예요.
촛또 미떼이루 다께데스
ちょっと 見ている だけです。

💬 천천히 둘러보시기 바랍니다.
도-조 고윾꾸리 고란-쿠다사이
どうぞ ごゆっくり ご覧ください。

💬 이걸 보여 주세요.
코레오 미세떼 쿠다사이
これを 見せて ください。

💬 이것은 얼마입니까?
코레와 이꾸라데스까
これは いくらですか。

💬 비싸군요!
타카이데스네
高いですね。

💬 이것보다 싼 것은 없습니까?

코레요리 야스이노와 아리마셍-까

これより 安いのは ありませんか。

💬 좀 더 싸게 해 주세요.

모-스꼬시 야스꾸시떼 쿠다사이

もう少し 安くして ください。

💬 정가판매이기 때문에 할인은 안 됩니다.

테-까함-바이나노데 와리비끼와 데끼마셍-

定価販売なので 割引は できません。

💬 다른 것도 보여 주세요.

호까노 모노모 미세떼 쿠다사이

他の 物も 見せて ください。

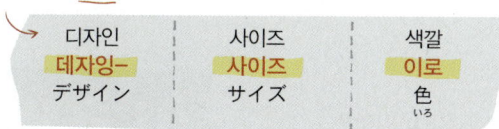

디자인	사이즈	색깔
데자잉-	**사이즈**	**이로**
デザイン	サイズ	色

💬 어느 것이 추천하는 건가요?

도레가 오스스메데스까

どれが おすすめですか。

🗨 영업시간은 몇 시까지입니까?

　에-교-지깡-와 난-지마데데스까
　営業時間は　何時までですか。

💬 오후 9시까지입니다.

　고고 쿠지마데데스
　午後９時までです。

🗨 계산은 어디에서 합니까?

　레지와 도꼬데스까
　レジは　どこですか。

🗨 전부 얼마입니까?

　젬-부데 이꾸라데스까
　全部で　いくらですか。

💬 6,300엔입니다.

　록-센-삼-뱌꾸엔-니 나리마스
　６，３００円に　なります。

🗨 네, 여기요.

　하이, 도-조.
　はい、どうぞ。

💬 700엔 거스름돈입니다.

나나햐꾸엔-노 오카에시데스
７００円の お返しです。
ななひゃく えん　　　かえ

💬 영수증 주세요.

레시-또 쿠다사이
レシート ください。

💬 따로따로 포장해 주세요.

베쯔베쯔니 츠쯘-데 쿠다사이
別々に 包んで ください。
べつべつ　　つつ

💬 계산이 틀린데요.

케-상-가 치가이마스가
計算が 違いますが。
けいさん　　ちが

교환, 환불하기

💬 죄송한데요. 이거 반품하고 싶습니다.
스미마셍-가, 코레 헴-삔-시따인-데스가
すみませんが、これ 返品したいんですが。

💬 왜 그러십니까?
도-까 나사이마시타까
どうか なさいましたか。

💬 구멍이 나 있어요.
아나가 아이떼 이마스
穴が 空いて います。

💬 전혀 작동하지 않아요.
젠-젱- 우고키마셍-
ぜんぜん 動きません。

💬 환불해 주세요.
하라이모도시떼 쿠다사이
払い戻して ください。

💬 이것을 다른 것과 교환해 주세요.

　　코레오 호까노 모노또 코-깐-시떼 쿠다사이

　　これを 他の ものと 交換して ください。

💬 아직 한 번도 안 썼어요.

　　마다 익까이모 츠깟떼마셍-

　　まだ 一回も 使ってません。

💬 가격은 같죠?

　　네당-와 오나지데스네

　　値段は 同じですね。

💬 사이즈를 바꾸고 싶습니다만.

　　사이즈오 카에따인-데스가

　　サイズを 換えたいんですが。

옷 가게에서

💬 입어 봐도 됩니까? (상의일 경우)
시챠꾸데끼마스까
試着できますか。
し ちゃく

💬 입어 봐도 됩니까? (바지나 스커트 등 하의일 경우)
하이떼 미떼모 이이데스까
はいて みても いいですか。

💬 탈의실은 어디 있습니까?
시챠꾸시쯔와 도꼬데스까
試着室は どこですか。
し ちゃくしつ

💬 어울리나요?
니아이마스까
似合いますか。
に あ

💬 딱 맞습니다.
핏따리데스
ぴったりです。

💬 조금 크군요.

촛또 오오키-데스네

ちょっと 大きいですね。

작다	길다	짧다	꽉 끼다
치-사이	**나가이**	**미지까이**	**키쯔이**
小さい	長い	短い	きつい

💬 좀 더 화려(소박)한 것은 없습니까?

못또 하데(지미)나 모노와 아리마셍-까

もっと 派手(地味)な ものは ありませんか。

💬 소재는 뭐예요?

소자이와 난-데스까

素材は 何ですか。

💬 실크입니다.

시루크데스

シルクです。

면	울	마	나일론	캐시미어
멘-	**우-루**	**아사**	**나이롱-**	**카시미아**
綿	ウール	麻	ナイロン	カシミア

🗨 이 색으로 두 개 주세요.
코노 이로데 후타쯔 쿠다사이
この 色で 二つ ください。

🗨 이 걸로 세 개 주세요.
코레오 밋쯔 쿠다사이
これを 三つ ください。

🗨 이 운동화를 사고 싶은데요.
코노 스니-카-오 카이따인-데스가
この スニーカーを 買いたいんですが。

💬 사이즈가 몇이신가요?
사이즈와 이꾸쯔데스까
サイズは いくつですか。

🗨 26(cm)입니다.
니쥬-로꾸데스
２６です。

> 우리나라에서는 신발 사이즈를 mm로 말하지만 일본에서는 cm로 나타냅니다.

전자상가에서

💬 컴퓨터는 몇 층에 있어요?

파소콩-와 낭-가이니 아리마스까
パソコンは 何階に ありますか。

💬 최신 모델은 어느 것입니까?

아따라시이 모데루와 도레데스까
新しい モデルは どれですか。

💬 가장 인기가 있는 것은 어느 것입니까?

이찌방- 닝-키가 아루노와 도레데스까
一番 人気が あるのは どれですか。

💬 노트북이라면 이 제품이 인기가 많습니다.

노-또파소콘-나라 코노 세-힝-가 닝-키가 타카이데스
ノートパソコンなら この 製品が 人気が 高いです。

💬 이것은 일본 제품입니까?

코레와 니혼-세-데스까
これは 日本製ですか。

> 일본 제품이라도 조립(組み立て)을 다른 나라에서 한 제품이 많습니다.

💬 조립까지 일본에서 한 일본 제품이에요.

쿠미타떼마데 니혼-데 오꼬낫따 니혼-세-데스

組み立てまで 日本で 行った 日本製です。

💬 품절입니다.

우리키레데스

売り切れです。

🗨 어떻게 사용하나요?

도-얏떼 츠까이마스까

どうやって 使いますか。

🗨 220V에서도 쓸 수 있나요?

니햐꾸니쥬-보루또데모 츠까에마스까

２２０Ｖでも 使えますか。

🗨 한국 대리점에서도 A/S를 받을 수 있나요?

캉-꼬꾸노 다이리뗀-데모 아후따-사-비스오 우케라레마스까

韓国の 代理店でも アフターサービスを
受けられますか。

화장품 가게에서

💬 시세이도의 파운데이션 있어요?

시세-도-노 환-데-숀-, 아리마스까

資生堂の ファンデーション、ありますか。
(しせいどう)

샤넬	가네보
샤네루	**카네보-**
シャネル	カネボウ

💬 이것과 같은 것이 있습니까?

코레또 오나지모노, 아리마스까

これと 同じもの、ありますか。
(おな)

💬 지금 유행인 색은 뭐예요?

이마 하얏떼이루 이로와 난-데스까

いま 流行っている 色は 何ですか。
(はや) (いろ) (なん)

💬 건성피부용 화장품을 주세요.

칸-소-하다요-노 케쇼-힝-오 쿠다사이

乾燥肌用の 化粧品を ください。
(かんそうはだよう) (けしょうひん)

중성	지성	민감성	복합성
후쯔-	**아부라쇼-**	**빙-캉-**	**콩-고-**
普通	脂性	敏感	混合
(ふつう)	(あぶらしょう)	(びんかん)	(こんごう)

쇼핑

Chapter 7
관광 즐기기

유명한 관광지는 어디예요?

有名な **観光地は** どこですか。
ゆうめい　かんこうち

유-메-나 캉-꼬-찌와 도꼬데스까

본격적으로 관광을 나설 때가 되었다면, 이동하기 편하도록 짐은 간소하게, 반면 자신감과 체력은 가득 채워야 합니다. 무엇이든지 모르는 것은 자신있게 물어보세요. 언어 장벽에 당황하지 말고, 일단 부딪혀 보면 의외로 쉽게 해결될 것입니다. 다양한 일본 문화를 체험하고 느끼면서 소중한 경험치를 높이세요!

- Part 1 일본 여행 사전 정보
- Part 2 도쿄 즐기기
- Part 3 오사카 즐기기
- Part 4 교토 즐기기
- Part 5 나라 즐기기
- Part 6 코베 즐기기
- Part 7 홋카이도 즐기기

Part 1
일본 여행 사전 정보

✈ 일본 여행 시 필요한 사전 정보

각 지역적으로 특색 있는 관광지가 많은 일본은 도쿄, 오사카, 교토 등 각 지역을 중심으로 찾는 관광객도 많을 것이고, 온천이나 건축, 역사 등 테마별로 일본 여행을 즐기려는 이들도 많을 것입니다.

짧은 일정 동안 알차게 일본 여행을 즐기기 위해서는 사전 정보 습득이 반드시 필요하겠지요? 일본 여행 시에 도움이 될 만한 알짜 정보와 각 지역의 관광 정보를 살펴보고 가세요.

#
여행 시기

일본을 여행하기에 가장 좋은 시기는 물론 안정적인 기후의 봄과 가을입니다. 그러나 4월 말부터 5월 초의 골든위크(4/29~5/5까지 연휴가 이어지는 기간)와 8월 중순의 오봉(일본의 추석)은 일본 내국인의 최대 관광 시즌이므로 피하는 편이 좋습니다.

▲ 하나미(花見) – 봄에 즐기는 벚꽃놀이

#
길 안내

단체 여행도 아니고 개인 여행에서 단독으로 움직일 경우에는 생소한 지역에서 헤매기 십상입니다.

▲ 일본의 코방

지리를 잘 모르겠거나 애매모호할 경우에는 망설이지 말고 지나가는 사람이나 근처 코-방-(交番:파출소)에 가서 물어보세요. 친절하게 잘 설명해 줄 겁니다.

#
관광지

관광지별로 무료 입장이거나 유료 입장인 곳이 있죠. 대개 관광지의 입장료는 300엔~1,000엔 정도입니다. 다소 비싸다고 생각할 수도 있겠지만, 보통 20인 이상 단체가 아닌 경우에는 입장료를 할인해 주지 않습니다. 하지만 자신이 꼭 가 보고 싶었던 곳이라면 입장료쯤은 아깝지 않겠지요. 사실 일본에는 무료 관광지가 그리 많지 않습니다.

여러 관광지 중에서도 저는 개인적으로 방문 지역에 있는 박물관은 꼭 둘러보길 권합니다. 그 나라, 그 지역의 문화와 역사에 대한 공부를 하기에는 박물관 기행이 가장 유용한 경험이 되지 않을까요. 아무리 남는 게 사진이라지만 행여 박물관 앞에서 사진만 찍고 오지는 마시길!

#
사진 찍기

깜빡 잊고 카메라를 가져오지 않았다면 일본은 종류도 다양하고 기능도 뛰어난 일회용 카메라가 많이 있으므로, 일회용 카메라를 이용하는 것도 좋습니다. 가격은 1,000엔 내외입니다.

Part 2

도쿄 즐기기

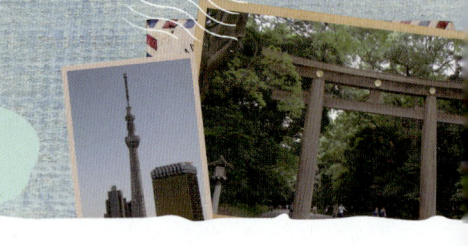

도-쿄-(東京)

일본의 수도로 행정구분상의 정식 명칭은 도쿄도입니다. 도쿄도는 23개 구(区)와 26시(市), 5정(町), 8촌(村)으로 나뉘고 도청 소재지는 신주쿠입니다. 면적은 2,187.58㎢, 인구는 약 1,335만 명입니다.

도쿄역

도쿄타워

신주쿠거리

도쿄도청

시부야 109

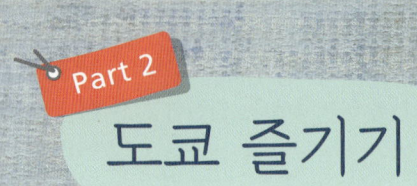

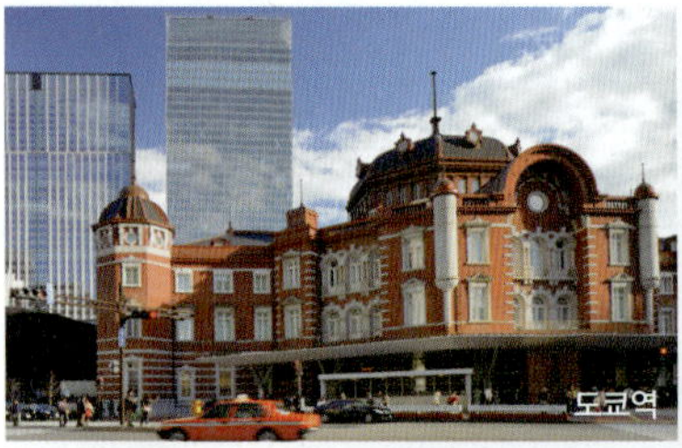

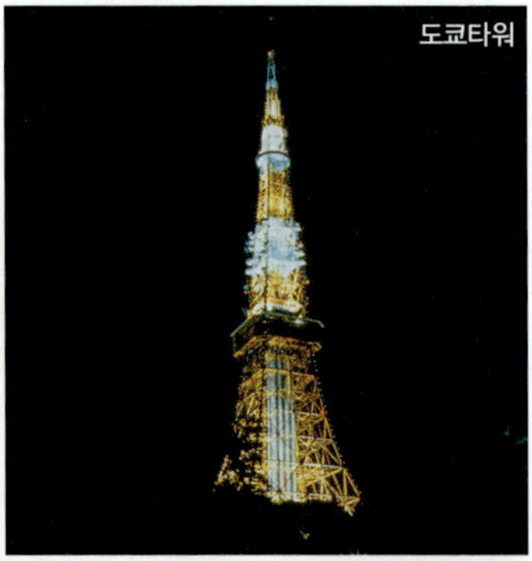

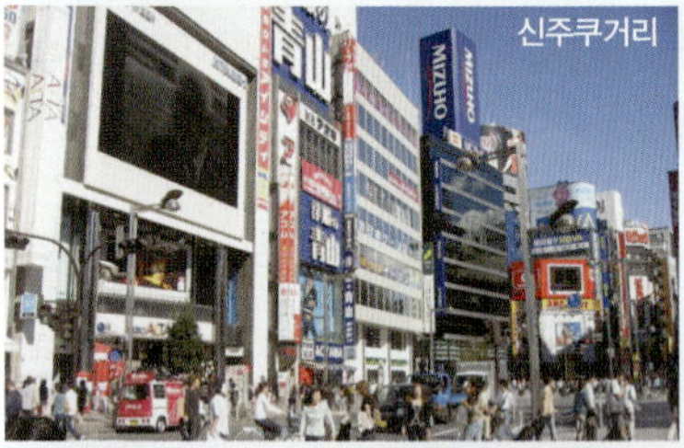

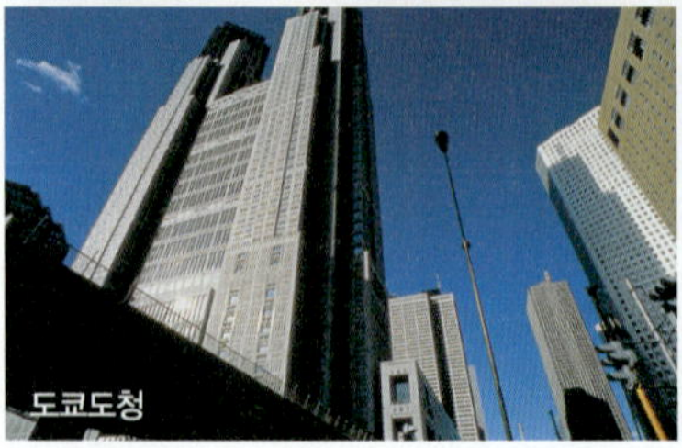

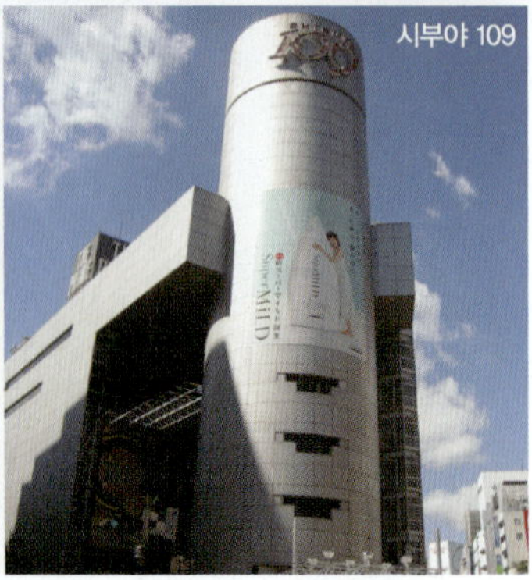

도쿄에서 가볼 만한 곳

1 신-주쿠(新宿)

▲ 신주쿠 다카시마야 Times Square

많은 사람들이 도쿄하면 자연스레 떠올리는 곳이 바로 신주쿠이지요. 이곳은 교통의 중심지이면서 쇼핑, 엔터테인먼트, 호텔, 오피스가, 일본 최대의 환락가 등등 모든 문화의 집결지로, 1년 365일 밤낮을 불문하고 항상 사람들로 넘쳐납니다.

또한 많은 한국인들이 일하고 있는 지역이어서 이곳에서 한국인을 만나기는 그리 어렵지 않습니다.

신주쿠는 특히 역을 중심으로 상권이 형성되었습니다. 사람들이 많이 찾는 곳은 신주쿠 역의 히가시구찌(東口:동쪽 출구)와 니시구찌(西口:서쪽 출구)이지만 최근에는 미나미구찌(南口:남쪽 출구)도 인기가 많습니다. 동쪽 출구는 쇼핑과 오락, 여흥을 즐길 수 있는 곳이 많고, 서쪽 출구에는 오피스 빌딩이 밀집되어 있습니다.

볼거리

도-쿄-도쵸-(東京都庁)

도쿄도청은 우리나라의 서울시청에 해당하는 곳으로, 건물의 엄청난 규모와 독특한 스타일에 놀라게 되죠. 도청 건물의 45층에는 남북 2곳의 무료 전망대가 있습니다. 이곳에서 내려다보면 레인보우브릿지, 메이지진구, 도쿄돔 등 도심이 한눈에 보이지요.

개방 시간 : 09:30~23:00(입장 마감은 폐장 시간 30분 전)
  * 남쪽 전망대는 17:30까지
    (북쪽 전망대가 휴관인 경우 23:00시까지)

휴관일 : 남쪽 전망대는 1, 3주 화요일,
  북쪽 전망대는 2, 4주 월요일
  * 공휴일이 겹치는 경우 개관하고, 그 다음 날이 휴관
  * 연말연시

▲ 날씨가 좋을 때에는 도청 전망대에서 후지산을 볼 수도 있습니다.

도청으로 가는 길

신주쿠 역의 니시구찌(西口) 방향으로 나가서 좌측으로 → 양쪽에 있는 자동 보도를 타고 약 3~400m 정도 이동 → 통로를 완전히 벗어난 뒤 약 50m 정도 더 이동 → 머리 위쪽으로 육교 같은 것이 보이면 바로 좌측 옆에 있는 계단으로 올라감 → 올라가서 우측으로 좀 더 가다 보면 길 건너 왼편에 거대한 도쿄도청이 보입니다. 또한 이곳이 도쿄도청을 가장 멋지게 사진에 담을 수 있는 장소이기도 하지요.

아르타 스타지오(アルタスタジオ : ALTA STUDIO)

아르타 스타지오는 신주쿠 역 히가시구찌(東口)로 나오면 바로 보이는 건물로 신주쿠에서 가장 유명한 약속 장소입니다. 빌딩 전면에 가로 11.5m, 세로 8.6m 크기의 대형 스크린이 있어서 찾기 쉬우며, 안에는 쇼핑 상가, 식당, 방송국 스튜디오 등이 있습니다.

아르타 스타지오를 말할 때는 보통 줄여서 아르타(アルタ)라고 부릅니다. 한국 사람들은 대개 영어 발음으로 알타 스튜디오 혹은 그냥 알타로 발음하는데 그렇게 말하면 일본 사람들은 대부분 못 알아들어요.

▲ 멀리서도 눈에 띄는 알타 스튜디오의 알타비전

카부키쵸-(歌舞伎町)

신주쿠 역 히가시구찌(東口)에 있는 카부키쵸에 들어서면 느껴지는 분위기가 사뭇 다릅니다. 일본 최대의 환락가라고 불리는 이곳은 온갖 광고물이 거리를 뒤덮고 있습니다. 일본에서는 性에 관련된 업종을 후-조꾸(風俗:풍속영업)이라고 하는데, 카부키쵸에는 그러한 후조꾸 업소도 많이 모여 있습니다. 그래서인지 깍두기 머리를 한 어깨 튼튼한 사람들도 가끔 눈에 띄는데, 그렇다고 여기가 무턱대고 위험한 곳은 아니랍니다.

▲ 카부키쵸의 입구

다카시마야(高島屋) 백화점과 그 주변 쇼핑센터

신주쿠 역 미나미구찌(南口) 또는 신미나미구찌(新南口)로 나가면 바로 보이는 빌딩이 다카시마야 백화점입니다. 이 백화점 주변에는 토큐한즈, 유니클로, 갭, 키노꾸니야 서점, 타임스퀘어 빌딩 등이 자리하고 있습니다.

▲ 다카시마야 백화점 주변의 야경

신주쿠에서 노상 흡연은 금지!

일본 도쿄 시내에서는 각 구에서 자체적으로 보행 금연 지역을 지정하고 있습니다. 2002년 치요다구(千代田区)에서 시작한 노상 흡연 금지 캠페인이 2005년 신주쿠에서도 시작되었습니다. 워낙 유동인구가 많은 지역인지라 '과연 잘 지켜질까?' 싶었지만, 의외로 많은 사람들이 규칙을 잘 지켜 정해진 구역에서 담배를 피우더군요. 혹시 신주쿠를 여행하게 된다면 한국인 여행객들도 꼭 지켜 주세요!

▲ 2005년 8월 1일부터 노상 흡연 금지

▲ 흡연 구역에서 담배를 피우는 모습

2 하라주쿠(原宿)

젊은이들의 거리, 새로운 문화의 정보 발신지라고 평가받는 하라주쿠. 하라주쿠에 도착하는 순간, "이야! 이것이 일본 젊은이들의 모습이구나!" 하고 단번에 느껴질 겁니다. 하라주쿠에 가면 각기 다른 분위기의 다케시타도오리(竹下通)와 오모테산-도-(表参道)라는 두 거리 만큼은 꼭 가 보세요.

찾아가기

JR야마노테센 하라주쿠 역에서 내리는 것이 가장 편합니다.
바로 길 건너편에 있는 다케시타도오리를 쭉 둘러보다가 오모테산도로 빠져서 메이지징-구-(明治神宮)를 둘러보는 코스가 가장 무난한 듯합니다.
만약 에이단 지하철을 탔다면 메이지진구 역, 오모테산도 역, 가이엠-마에(外苑前) 역에서 내려도 됩니다.

볼거리

다케시타도-리(竹下通)

하라주쿠 역을 나와서 맞은 편으로 건너가면 바로 다케시타도오리입니다. 이곳의 분위기를 한 마디로 표현하자면 '젊다!'는 것. 특히 거리를 활보하는 일본 젊은이들 중 희한하다 못해 신기하기까지 한 이들도 눈에 많이 띈답니다.

▲ 하라주쿠 역 주위의 풍경

▲ 하라주쿠 역

또 한 가지, 이곳에서는 호객 행위를 하는 이들을 많이 볼 수 있는데요. 특이한 것은 흑인들이 많다는 점입니다. 대부분 아프리카 계통의 흑인들로 골목 안쪽에 있는 자신들의 가게에 손님을 데려가기 위해 어설픈 혹은 유창한 일본어로 열심히 설명을 합니다.

오모테산-도-(表参道)

오모테산도는 원래 메이지진구까지 참배하는 길이라는 뜻입니다. 다케시타도오리의 끝에서 우측으로 꺾어 조금만 올라가면 큰 교차로가 나오고, GAP브랜드의 큰 의류매장이 있는 방향으로 길을 건너면 그곳부터 오모테산도가 시작됩니다.

오모테산도의 입구에 있는 GAP매장 앞은 각종 패션잡지나 방송 등에서 길거리의 멋쟁이를 픽업(pick-up)해서 사진을 찍는 장소로도 유명합니다.

도쿄에서도 가장 센스 있는 멋쟁이들의 거리라고 불리는 오모테산도는

오모테산도의 거리 풍경
여기서부터가 다케시타도오리의 시작
메이지진구 앞에 있는 토리이

멋진 카페와 레스토랑, 그리고 오모테산도 입구부터 늘어서 있는 가로수 풍경이 어우러져 마치 유럽의 어느 한 거리에 와 있는 듯한 분위기를 자아냅니다.

메이지징—구—(明治神宮)
메이지진구는 메이지 일왕과 왕비의 덕을 기리기 위해 세워진 신사로, 일본 3대 신사 중 하나입니다.

1920년에 창건되었으며 총면적 약 70만㎢에 150종의 꽃과 16만 그루가 넘는 나무들로 둘러싸여 있습니다.

메이지진구의 풍경을 보며 맑은 공기를 마시다 보면, 어느덧 이곳이 도쿄 시내 한복판에 위치해 있다는 사실을 완전히 잊게 만들 정도입니다.

여행 TiP 하라주쿠는 언제부터 뜬 곳일까?

하라주쿠가 젊은이들의 거리로 이름이 알려지기 시작한 것은 60년대 초 고급차를 끌고 옷도 잘 차려 입던 하라주쿠족(原宿族)이 발단이었다고 합니다. (마치 우리나라의 오렌지족을 연상시킴) 그 뒤 70년대에 탄생한 일본의 패션 전문 잡지인 「アンアン(앙앙)」이 특집으로 [도쿄의 거리에서 외국을 발견했다]라는 타이틀로 하라주쿠를 다루면서 전국적으로 유명해지기 시작했습니다. 특히 80년대는 하라주쿠의 절정기로서 여러 하라주쿠 트랜드를 창출해 냈습니다. 그 뒤, 90년대의 하라주쿠는 유행을 모방하지 않고 그들만의 길을 걸어 현재에 이르렀습니다.

★ 메이지진구 즐기기 포인트 ♬

- **자갈길**
  메이지진구의 입구부터 안쪽의 본전 건물에 이르는 길은 전부 자갈길로 되어 있습니다. 주변의 나무와 꽃을 즐기며 여유롭게 회색 자갈길을 산책해 보는 것도 좋겠지요.

- **토리이(鳥居)**
  자갈길을 한참 걸어가다 보면 거대한 나무로 된 기둥문이 있는데, 이것을 토리이라고 합니다. 신의 세상과 인간 세상을 구분짓고 신의 세계로 들어가는 입구를 뜻한다는 토리이는 일본의 어느 신사에서든 볼 수 있는 구조물입니다. 특히 메이지진구의 이 토리이는 무려 1,700년이나 된 삼나무로 만든 것으로, 높이 12m, 지름 1.5m에 이르는 일본 최대의 목조 토리이입니다.

- **메이지진구 본전**
  아침 8시, 오후 2시에 가면 신들에게 식사를 드리기 위해 제를 올리는 의식을 볼 수 있습니다.

하츠모우데(初詣) 풍경스케치

일본 사람들은 새해가 되면 신사나 절에 가서 소원을 비는 첫 참배를 하는데 이를 하츠모우데라고 합니다.
메이지진구도 매년 12월 31일에는 10만 명도 넘는 인파가 전철역부터 메이지진구 본전까지 쭉 꼬리를 물고 늘어섭니다. 한 발짝씩 나아가서 본전에 도달하기까지 수 시간이 걸린다는…….
재미있는 것은 정각 0시가 되기 전 모든 사람이 함께 자연스럽게 카운트다운에 들어가는데, 그곳에서 하츠모우데를 하려고 기다리는 대부분의 커플은 이때에 뜨거운 키스를 한다는 것! 정각 0시가 되기 전에 신사의 본전 건물에 도달하지 못한 커플들은 결국 새해의 소원을 빌기도 전에 키스로 새해를 시작하는 사람도 있다는 이야기죠.
또 한 가지 재미있는 사실은 일본에서 참배를 할 때 사이센(さい銭)이라고 해서 신에게 돈을 올리고 기도를 하는데, 이것은 하츠모우데를 할 때도 마찬가지입니다. 그런데 사람들이 너무 많아서 본전 앞에 있는 새전함까지 당도하지 못한 사람들 가운데는 멀리서 동전을 던지기도 합니다. 그래서 일본 사람들은 이 날만큼은 되도록 후드가 달린 재킷을 입고 간다고 하는군요. (믿거나 말거나!)

3 오다이바(お台場)

도쿄의 야경에 취할 수 있는 곳, 맥주 서너 캔과 오징어만으로도 벤치에서 마음껏 낭만을 즐길 수 있는 곳, 일본 젊은 커플들에게 최고의 데이트 장소로 손꼽히는 장소가 바로 이곳 오다이바입니다.

▲ 오다이바의 레인보우브릿지

오다이바는 도쿄만의 매립과 함께 도쿄 임해부도심으로 개발되어, 지금은 도쿄 최고의 명소로 자리잡은 곳입니다. 바다와 수상보트, 레인보우브릿지, 후지TV 본사 빌딩 그리고 멀리 도쿄타워 등이 어우러지는 오다이바의 야경은 그야말로 최고이지요!

찾아가기

가장 편리한 방법은 JR야마노테센의 심-바시(新橋) 역에서 모노레일인 유리카모메(ゆりもめ)를 타는 것입니다. 심바시 역에서 출구 밖으로 완전히 나온 뒤 유리카모메로 가는 표시를 잘 살피면서 찾아가세요.

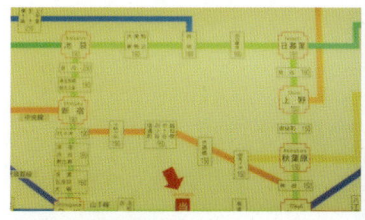
▲ 심바시 역(JR야마노테센)

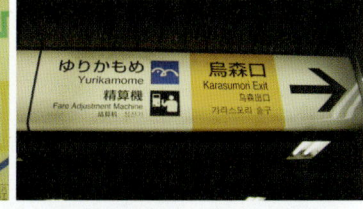
▲ 유리카모메 화살표 방향으로 나간다.

▲ 유리카모메 탑승역

▲ 유리카모메 종합안내소

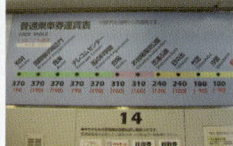
▲ 승차권 운임표

유리카모메(ゆりかもめ)란?

유리카모메는 도쿄의 대표적인 사철로, 모노레일은 컴퓨터 제어로 무인으로 운영되며, 전철처럼 궤도를 달리지 않기 때문에 진동이나 소음이 전혀 없습니다.
유리카모메를 탈 때는 바깥 풍경을 내다볼 수 있는 앞 좌석에 가서 앉으면, 도쿄의 명물인 길이 798m의 레인보우브릿지 안으로 들어갈 때는 마치 자신이 조종하는 듯한 느낌이 들기도 합니다.
오다이바에서 여유롭게 시간을 보내려는 사람은 유리카모메 1일 승차권을 구입하는 것이 좋습니다. 오다이바 유리카모메의 전체 역을 다 도는 것은 무리더라도 대표적인 레인보우브릿지, 후지TV 본사 빌딩, 오다이바 해변공원은 추천합니다.

▲ 유리카모메

볼거리

후지테레비(フジテレビ)

유리카모메를 타고 오다이바 역에서 내리면 오다이바에서 제일 먼저 눈에 띄는 후지TV 본사가 있습니다. 방송국 내부에는 일반 전시실과 레스토랑이 있고, 최고층에는 오다이바의 전경이 한눈에 내려다보이는 구체 전망대가 있습니다(전망대 이용 시 일반 550엔). 이곳에서 운이 좋으면 일본의 유명 스타와 마주치게 되지는 않을까요?

▲ 후지TV 본사 건물

▲ 오다이바 해변공원 풍경

오다이바카이힝-코-엔-(お台場海浜公園)

빡빡한 여행 일정에 숨이 차다면 잠시 오다이바 해변공원에 들러 쉬었다 가세요. 오다이바 해안을 따라 조성한 인공 해변인 이곳은 산책과 데이트 코스로 가장 인기가 많은 곳이랍니다. 이곳의 명물인 프랑스에서 들여온 '자유의 여신상' 앞에서 사진도 한 장 찍어 두어야겠죠. 하지만 생각보다 크기가 작답니다.

레인-보-브릿지(レインボーブリッジ)

레인보우브릿지를 직접 걷고 싶은 사람은 시바우라후토-(芝浦ふ頭) 역에서 하차하세요. 여기서 도보로 5분 정도 걸립니다. 그렇지만 날씨가 안 좋거나 바람이 많이 부는 날에는 되도록 만류하고 싶군요. 바람이 강하게 불면 레인보우브릿지 자체가 흔들려서 무섭답니다.

▲ 시바우라(芝浦) 쪽 주차장에서 본 레인보우브릿지

바람이 무지 부는 날 올라갔다가 몸무게가 좀 나가는 저도 날아갈 뻔 했습니다. 정말이지 다리가 후들후들~.

▲ 레인보우브릿지 위에서 찍은 사진

파렛토 타웅-(パレットタウン)

이곳은 세계 1위의 높이를 자랑하는 대관람차, 대형 라이브홀 Zeep Tokyo, 테마파크 MEGA WEB, 쇼핑가 등이 모여 있는 어뮤즈먼트 집결지라고 할 수 있습니다. 이곳에 가려면 아오미(青海) 역에서 내리면 됩니다.

▲ 파리에서 온 자유의 여신상

그 외에도 일본 최대의 전시장이 있는 도-쿄-빅꾸사이또(東京ビックサイト)는 전시

▲ 직경 100m, 지상 115m의 대관람차

및 박람회가 없을 경우에는 솔직히 별로 재미가 없지만, 관심 분야 전시회가 개최된다면 꼭 가 보세요. 콕-사이텐-지죠-세-몽-(国際展示場正門) 역에서 하차하면 됩니다.

4 아키하바라(秋葉原)

수많은 전자제품 관련 상점이 밀집해 있는 곳으로, 도쿄에 온 관광객들이 각종 전자제품을 사러 꼭 한 번씩 들르는 쇼핑 코스로 자리잡았죠.

하지만 최근에는 대형 전자양판점이 도쿄 곳곳에 들어선 탓인지 예전만큼의 활기는 없어진 듯합니다. 그래도 아키하바라의 명성은 꾸준히 이어지지 않을까 생각합니다.

찾아가기

① JR소-부셍-(総武線)을 타고 아키하바라 역에서 하차 → 소부셍 플랫폼(3층)에서 2층으로 내려옴 → 출구 계단을 따라 전자상가가 밀집해 있는 뎅-키가이구찌(電気街口)(1층) 출구로 나옴.

※ 아키하바라 역은 통로나 계단이 많고 역내가 복잡하므로 전철을 갈아타거나 내릴 때 주의해야 합니다.

② JR야마노테셍-(山手線)을 타고 아키하바라 역에서 하차 → 바로 뎅-키가이구찌 출구로 나감.

▼ 전자제품 거리 아키하바라

아키하바라에서도 걸으면서 담배를 피우면 안 돼요!

치요다(千代田) 구에서는 걸으면서 담배를 피우다가 경찰에게 걸리면 벌금이 2,000엔이니 담배를 피우고 싶으신 분은 아키하바라 중앙도로 가운데에 설치되어 있는 Smoker's Style이라는 곳으로 가세요.

볼거리

아키하바라에 10개의 체인 점포가 있는 소프맵(Sofmap)은 전기, 전자, 게임, 디지털카메라, 캠코더, 전문가용 비디오카메라, 노트북, 각종 부속품 등 없는 게 없을 정도입니다. 단, 한 점포에 모든 제품이 진열되어 있는 것이 아니라 각 점포별로 취급하는 상품이 다릅니다. 소프맵(Sofmap)은 원래 중고품이 컨셉이므로 의외로 좋은 가격에 원하는 상품을 얻을 수 있을지도 모릅니다.

▼ 모든 디지털 제품을 취급하는 소프맵(Sofmap)

5 우에노(上野)

우에노는 메이지 이후에 근대 문화의 발신지로서 항상 시대의 중심에 위치했던 지역입니다. 특히 수준 높은 박물관, 전시관이 있는 곳으로 유명합니다. 일본의 역사와 문화를 살펴볼 수 있는 최적의 관광지가 아닐까요.

▲ JR우에노 역

볼거리

우에노 코-엥-(上野公園)

1873년 4월 일본 최초의 공원으로 지정된 우에노 공원은 도쿄의 대표적인 공원이라고 할 수 있습니다. 공원 내에는 전시관들도 많아 문화 체험을 하기에도 무척 좋은 곳이죠.

이곳으로 가려면 우에노 역에서 내려 공원 출구로 나오면 됩니다. 천천히 둘러보려면 넉넉히 2시간은 잡아야 합니다.

1 우에노 역 공원 출구
2 도쿄 사람들의 문화 휴식처인 우에노 공원
3 우에노 공원 안내도

도-쿄-코쿠리쯔 하꾸부쯔깡-(東京国立博物館)
개관시간 : 09:30~17:00(입관은 16:30까지)
휴관일 : 월요일(경축일 또는 대체 휴일의 경우에는 다음 날), 연말연시
입장료 : 어른 620엔(특별전 있을 경우 별도 요금 추가)

▲ 일본에서 가장 오래된 미술관인 도쿄국립미술관

우에노 도-부쯔엥-(上野動物園)
입장시간 : 09:30~17:00(입장권 판매 16시까지)
휴일 : 월요일, 연말연시
입장료 : 어른 600엔

▲ 일본 최초의 근대적 동물원인 우에노 동물원

우에노 토-쇼-구(上野東照宮)
도쿠가와 이에야스를 모시는 곳으로 당시의 건축양식을 살펴볼 수 있습니다.

키요미즈 칸-논-도-(清水観音堂)
이곳은 1631년에 교토의 키요미즈데라(清水寺)를 본따 건립한 불전입니다.

▲ 닛꼬의 도쇼구를 본사로 한 우에노 도쇼구

사이고 다카모리 동상
메이지 유신의 지도자로 알려진 사이고 다카모리 동상입니다.

아메요코(アメ横)
남대문시장보다는 규모가 작지만 마치 남대문시장에 와 있는 듯한 착각을 하게 하는 아메요꼬. 여기서는 서민적인 분위기의 시장 체험을 할 수 있습니다. 아메요꼬는 우에노 역에서 케-세-셍-(京成線)으로 갈아타는 곳으로 나가면 바로 건너편에 위치하고 있습니다.

▲ 중요문화재인 키요미즈 관음당

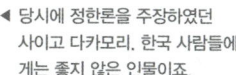
◀ 당시에 정한론을 주장하였던 사이고 다카모리. 한국 사람들에게는 좋지 않은 인물이죠.

▲ 남대문시장과 비슷한 아메요꼬 시장

관광

6 아사쿠사(浅草)

도쿄에서 가장 일본적인 문화를 볼 수 있는 곳입니다. 아사쿠사는 옛날부터 유흥지와 서민의 마을로 정착된 곳으로 역부터 이런저런 볼거리들로 가득합니다. 그래서 구경하다 보면 두세 시간은 훌쩍 지나가 버리죠. 정문의 카미나리몽-(雷門)을 통

▲ 아사쿠사의 상징과도 같은 카미나리몬

과하여 나까미세(仲見世) 길을 따라 센-소-지(浅草寺)로 이어지는 길은 쇼핑과 관광을 함께 할 수 있는 곳입니다. 어떤 여행사든지 도쿄 투어 일정에 아사쿠사가 빠진 코스는 없을 정도로 재미난 곳이지요.

찾아가기

① JR야마노테센을 타고 우에노(上野) 역에서 하차.
   우에노에서 긴-자셍-(銀座線)을 타고 세 정거장 뒤의 아사쿠사 역에서 하차.

② 소-부셍-(総武線)을 타고 아사쿠사바시(浅草橋)에서 하차. 도에-아사쿠사셍-(都営浅草線)으로 갈아타고 두 정거장 뒤 아사쿠사 역에서 하차, 1번 출구로 나옴.

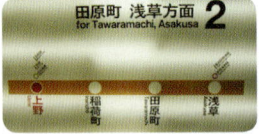

위 두 방법 모두 지하철 운행 회사가 달라 갈아탈 때 표를 다시 구입해야 합니다.

 **볼거리**

진-리키샤(人力車)

일본의 전통적인 모습을 지키려는 아사쿠사의 한면을 볼 수 있는 명물로 아사쿠사의 관광 명소를 인력거로 돌며 안내해 줍니다.

요금 : 10분 3,000엔 (1인) / 4,000엔 (2인)
　　　 20분 5,000엔 (1인) / 7,000엔 (2인)

▲ 인력거

관광

 여행 Tip.

아사쿠사의 똥빌딩?

아사쿠사 역 4번 출구로 나오면 똥빌딩을 발견할 수 있습니다. 갑자기 웬 '똥빌딩'이냐구요? 사실 이것은 정식 명칭이 아니라 별명입니다. 원래 이름은 리바-피아아즈마바시(リバーピア吾妻橋)으로 아사히 맥주 빌딩입니다. 그리고 그 황금색 구조물도 원래는 '변'을 형상화한 것이 아니라 생맥주 거품을 나타낸 것이랍니다. '운-꼬 비루(똥빌딩)'을 배경으로 스미다가와(隅田川:스미다 강)를 다리 위에서 조망하는 것도 운치 있고 좋습니다.

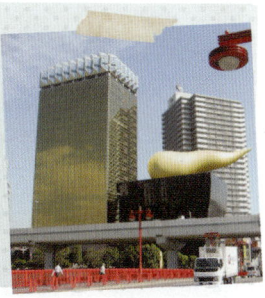

카미나리몽-(雷門)

만약 아사쿠사에 갔는데 카메라엔 오직 필름 한 장만이 남아 있다면 무엇을 찍어야 할까요? 두말할 나위도 없이 바로 아사쿠사의 상징인 카미나리몽을 찍어야 합니다.

카미나리몽은 원래 안쪽에 있는 센소지(浅草寺)의 총문으로서 문의 좌측에는 바람신(風神), 우측에는 천둥신(雷神)을 봉안하고 있습니다. 중앙에 걸려 있는 등은 높이 4m, 직경 3.4m에 이르며 무게도 670kg나 됩니다.

▲ 센소지의 정문 입구

나까미세(仲見世)

관광객들로 1년 365일 늘 붐비는 나까미세는 길 양쪽으로 일본의 전통 과자점을 비롯하여 민예품 가게, 각종 선물 가게 등 89개의 상점들이 빼곡하게 들어서서 일본 냄새를 물씬 풍깁니다. 이곳에 있는 상점 가운데는 에도 시대 때부터 있었던 아주 오래된 곳도 있답니다.

이곳 아사쿠사에서만 살 수 있는 상품도 있으므로, 여기에서 선물을 찾아보는 건 어떨지?

▼ 일본에서 가장 오래된 상점가 중 하나로 꼽히는 나까미세

센-소-지(浅草寺)

카미나리몬과 나까미세를 지나 가장 안쪽에 있습니다. 칸-논-도-(観音堂)라고도 합니다. 도쿄에서는 가장 오래된 사원으로 알려져 있지요.

▲ 도쿄도 내에서 가장 오래된 사원인 센소지

日本의 선물 문화 - おみやげ(오미야게)

일본에서는 선물을 주고받는 것이 거의 관례화되어 있습니다. 해외 출장이나 일본 국내 여행을 다녀올 때는 꼭 무엇인가를 사가지고 와서 직장 동료나 친구, 가족에게 나눠줍니다. 그런 선물을 오미야게(おみやげ)라고 하는데, 보통 다녀온 지역의 특산품 과자나 빵이 주류를 이룹니다.

그래서 일본에서는 어느 지방에 가더라도 그 지방의 특색이 담긴 상품이 무척 많습니다. 과자나 빵 같은 먹거리는 물론, 그 지역의 유명한 것을 캐릭터화한 선물용품도 있습니다.

일본 사람들은 절에 가면

① 조쿠싱-(俗信)

먼저 향로에 모여서 향의 연기를 몸에 쐬거나 머리나 다른 신체 부위에 갖다 댑니다. 이는 오셍-코-(お線香:향)의 연기를 머리에 갖다 대면 머리가 좋아지고 다른 아픈 곳에 갖다 대면 그곳이 낫는다고 여긴 민간 풍습에서 유래했다고 합니다.

② 오키요메(お清め)

참배를 하기 전에 몸과 마음을 깨끗이 한다는 의미에서 물을 떠 손을 씻고 입안을 헹구는 의식인데 이것은 절뿐만 아니라 신사(神社)에서도 행해지고 있습니다. 외국 관광객 중 식수로 착각하여 마시는 사람도 있으니 주의하시기 바랍니다.

③ 오미꾸지(おみくじ)

오미꾸지는 그 해의 길흉을 점치는 종이로 돈을 넣고 점괘가 들어 있는 통을 흔들어 뽑는 것과 통에서 숫자를 뽑아서 나온 숫자에 해당하는 점괘를 서랍에서 꺼내 보는 것 등이 있습니다.

센소지에서 오미쿠지 뽑기!

① 100엔을 넣고
② 숫자를 뽑은 뒤
③ 숫자의 서랍을 열어 오미쿠지를 꺼냅니다

만약 안 좋은 점괘인 凶(흉)이 나오면 근처에 오미쿠지가 많이 묶여 있는 곳에 꽁꽁 묶어 안 좋은 점괘를 떨쳐 버리세요! 그리고 大吉(대길) 같은 게 나왔다면 지갑 속에 넣어 부적처럼 지니고 다녀야죠.

▲ 오미쿠지

▲ 일본 사람들은 나쁜 점괘를 묶어 두면 길운으로 바뀐다고 믿는답니다.

이 박물관에 가 보세요!

에도(江戶) 도쿄 박물관

에도는 도쿄의 옛 이름입니다. 1993년 3월 28일에 개관한 에도 도쿄 박물관은 사라져 가는 에도 유산을 보존함과 더불어 도쿄의 역사와 문화를 돌이켜봄으로써 미래의 도쿄를 생각하게 만드는 박물관입니다. 이곳은 크게 상설 전시관, 기획 전시실, 영상 라이브러리, 영상홀, 도서실로 구성되어 있고 상설 전시실은 다시 에도존, 도쿄존, 통상존으로 구성되어 있습니다. 상설 전시실에는 풍부한 실물 자료와 복제 자료 이외에도 면밀한 조사 연구를 바탕으로 복원한 대형 모형 등이 전시되어 있습니다.

기획 전시실에서는 에도의 역사와 문화에 관련된 것을 중심으로 1년에 4~5번 특색 있는 전시를 하고 있습니다.

영상홀과 도서실은 유상이용시설로 각종 박물관 보급 사업을 전개하고 있습니다.

▲ 에도 도쿄 박물관 전관

개관시간 : 09:30～17:30 (토요일은 09:30～19:30까지)
입관은 폐관 30분 전까지입니다.

휴관일 : 매주 월요일(월요일이 휴일인 경우는 그 다음 날)

관람료 : 일반 600엔

교통 : 지하철 오-에도-셍-(大江戸線) 료-코꾸(両国) 역에서 하차. 또는 JR소-부-셍-(総武線) 료-코꾸(両国) 역에서 하차.

사진제공 : 에도 도쿄 박물관
www.edo-tokyo-museum.or.jp

Part 3
오사카 즐기기

✈ 오-사카(大阪)

오사카는 일본에서 도쿄 다음으로 큰 도시입니다. 예로부터 '오사카 사람들은 먹어서 망한다(쿠이다오레, 食い倒れ)'라는 말이 있을 정도로 '잘 먹고 잘 노는' 즉흥적인 기질이 있는데, 이 지역 사람들은 이 기질을 대단히 자랑스럽게 여깁니다. 성격이 활달해 일본에서는 좀처럼 들을 수 없는 자동차 경적 소리가 때때로 울려 퍼지기도 하고, 시장에서는 '에누리' 또는 '덤'이라는 개념이 통하기도 해 한국과 가장 비슷한 도시라는 말도 있죠.

오사카는 크게 북과 남, 다시 말해 북쪽 구역과 남쪽 구역으로 나눌 수 있으며, 그중 북부 지역은 JR오사카, 우메다(梅田) 역을 중심으로 한 쇼핑과 비즈니스의 중심지이며, 도-톰-보리(道頓堀) 등이 있는 남부 지역은 오락과 저렴한 쇼핑을 즐길 수 있는 유흥지가 많습니다.

▲ 오사카 성

칸-사이(関西)공항에서 오사카로 가는 방법

칸사이 공항에서 오사카 시내로 들어가는 방법은 3가지가 있습니다.

첫 번째는 리무진 버스
남-바(難波) 역까지 요금은 1,050엔이며 편하게 이동할 수 있는 장점이 있습니다. 소요 시간은 45분 정도 걸리지만, 교통 상황에 따라 달라집니다.

두 번째는 JR열차를 이용하는 방법
공항에서 오사카 역, 남바(難波) 역 등을 60분 정도에 연결하는데, JR보통열차 쾌속의 경우 요금은 1,050엔, 특급인 JR하루카(はるか) 열차는 2,850엔입니다.

세 번째는 한국인 여행자가 가장 쉽게 오사카 시내로 들어갈 수 있는 방법인 낭-카이혼-셍-(南海本線)을 이용하는 것.
난카이혼센으로 남바 역까지 보통열차는 920엔, 특급은 1,430엔입니다.

▲ 칸사이공항 역

▲ 난카이공항선 타는 곳

오사카(大阪)에서 가볼 만한 곳

1 남-바(難波)

오사카의 서민적인 번화가인 이 곳은 난카이혼센의 남바 역 주변 번화가로, 현재는 지하철 요쯔바시셍-(四つ橋線), 미도-스지셍-(御堂筋線) 등이 교차하는 음식점 거리입니다.

찾아가기

지하철 미도스지셍을 타고 남바 역에서 하차하면 됩니다.

남바 역

2 도-톰-보리(道頓堀)

일본에서 가장 맛있는(?) 거리라고 하는 도톰보리는 타코야키 가게를 비롯해서 게요리점, 라면가게 등으로 하루종일 맛있는 냄새를 풍기는 그야말로 일본식 먹자골목, 특히 도톰보리의 게요리점 안쪽에 있는 극장 옆

▲ 도톰보리에서 가장 눈에 띄는 게요리 전문점

의 타코야키가 맛있습니다.

각종 오락을 즐길 수 있고 거리 전체가 생동감에 넘치는 도톰보리는 오사카 유흥가의 중심지이며 오사카다운 분위기가 넘치는 거리이지요.

찾아가기

지하철 니홈-바시(日本橋) 역이나 남바 역, 신-사이바시(心斎橋) 역에서 하차.

▲ 도톰보리의 명물인 '쿠이다오레' 앞의 인형

3 오-사카 비지네스 파-크(OBP)

이곳은 오사카를 대표하는 최첨단 기술의 상업 부도심 지역으로 트윈 21 빌딩, 크리스탈 타워, 마츠시타 IMP 빌딩 등 초고층 빌딩들이 즐비합니다. 트윈21의 내셔널 타워, MID타워라고 불리는 두 개의 타워 사이에 있는 갤러리에는

▲ 오사카의 빌딩숲. OBP

유명 음식점이나 쇼핑점이 들어서서 젊은이들을 불러모으고 있죠. 내셔널 타워 2층에는 파나소닉 스퀘어가 있고, MID타워 맨위층에는 전망대가 있습니다.

찾아가기

지하철 나가호리쯔루미료쿠치셍-(長堀鶴見緑地線)을 타고 오-사카 비지네스파-크(大阪ビジネスパーク) 역에서 하차.

4 오-사카죠-(大阪城)

오사카성은 도요토미 히데요시가 세운 일본 최대의 성입니다. 오사카 시내가 한눈에 내려다보이는 꼭대기 텐-슈가꾸(天守閣)는 1931년에 재건된 것입니다.

▲ 오사카성

찾아가기
나가호리쯔루미료쿠치센의 오사카 비지네스파크 역 2번 출구.
JR오-사카죠-코-엔-(大阪城公園) 역에서 도보로 15분.

개관시간 : 09:00~17:00(입관은 16:30까지)
휴관일 : 12월 28일~1월 1일
입장료 : 성인 600엔, 중학생 이하 무료

5 신-사이바시(心斎橋)

오사카의 대표적인 쇼핑 아케이드로, 백화점에서 패션, 잡화, 레스토랑, 빠찡코에 이르기까지 온갖 상점들이 즐비합니다. 신사이바시를 통과하는 지하철 미도스지센을 중심으로 서쪽으로는 아메리카 무라(미국 수입 의류를 취급하는 상점이 많아 붙여진 이름), 동쪽으로는 유럽 스트리트(유럽풍의 부티크나 레스토랑이 즐비하여 붙여진 이름)가 있습니다. 하루 종일 쇼핑객과 관광객으로 붐비는 도톰보리도 신사이바시 바로 옆이죠.

찾아가기
지하철 신사이바시 역에서 나오면 바로. 도톰보리에서 도보로 5분.

▲ 오사카 제일의 쇼핑가인 신사이바시

▲ 아메리카 무라

6 덴-덴-타운-(でんでんタウン)

덴덴타운은 신사이바시 역에서 도보 10분 정도 거리에 있는 종합전자타운의 통칭입니다. 도쿄의 아키하바라에 버금가는 곳이죠. 대부분의 전자타운이 그렇듯 이곳에서도 꽤 쓸만한 중고제품과 특별 할인되는 판매제품을 의외로 싼값에 구할 수 있습니다. 하지만 요즘 인기 있는 디지털 카메라의 경우 신제품 가격은 서울 남대문시장과 별 차이가 없습니다.

찾아가기
지하철 신사이바시 역에서 도보 10분.

▲ 덴덴타운 거리

7 우메다(梅田) 주변의 백화점과 스카이빌딩

지하철 우메다 역에 내리면 바로 지하 상점가인 화이티우메다(ホワイティ梅田)와 연결됩니다. 화이티우메다의 내부는 고급 백화점의 실내처럼 흰색과 분홍색으로 깔끔하게 잘 짜여져 있습니다.

지상으로 나오면 큰길을 따라 양쪽으로 한-큐-(阪急)와 한-신-(阪神) 등 대형 백화점이 있습니다. 근처에는 토큐한즈도 있어서 여러 물건을 한 번에 찾아볼 수 있다는 장점이 있습니다.

또 한가지 우메다 스카이비루(梅田スカイビル:우메다 스카이빌딩)에 가면 오사카의 야경을 한눈에 볼 수 있는 공중정원 전망대가 있습니다. 입장료는 800엔(2016.7.1부터 1,000엔)입니다.

▲ 우메다 스카이빌딩과 그 주변

8 유니바-사루 스타지오 쟈팡-
(ユニバーサル・スタジオ・ジャパン)

유니버설 스튜디오 재팬(USJ)은 별다른 설명이 필요 없을 만큼 유명한 서일본 최대의 테마파크입니다. 터미네이터, 쥬라기공원, ET, 죠스, 백투더퓨처 등 할리우드 유명 영화를 테마로 한 놀이동산으로 어린이부터 어른에 이르기까지 수많은 관광객이 쉴 새 없이 찾는 곳이지요. 놀이기구를 타지 않고 천천히 둘러보는 데도 반나절은 족히 걸리는데, 자유이용권을 사서 모든 시설을 이용하려면 폐장 시간까지 다녀도 시간이 모자란다고 합니다.

▲ 유니버설 스튜디오 재팬 조형물

정문 안쪽의 왼편 안내센터에 가면 한국어로 된 팸플릿을 받을 수 있습니다. 터미네이터 4D 영화 같은 인기 시설은 평일에도 개장 두 시간만에 하루 입장이 마감된다고 하니 부지런히 움직여야겠지요!

▲ 인기 시설은 금방 마감됩니다

▼ 영화를 주제로 한 여러 시설들

입장시간 : 일별로 개장과 폐장시간이 다르므로 방문 일자의 영업시간을 홈페이지 (www.usj.co.jp)에서 확인하고 가시기 바랍니다. 한국어 지원합니다.
입장료 : 자유이용권 포함 어른 7,400엔, 어린이 4,980엔

찾아가기

JR오–사카칸–죠–셍–(ＪＲ大阪環状線)을 타고 니시쿠죠–(西九条) 역에서 사쿠라지마(桜島)행 열차를 타고 유니버셜시티 역에서 내리면 바로 연결됩니다.

▲ 영화를 주제로 한 여러 시설들

USJ에 갈 때는!

USJ에 갈 예정이라면 꼭 개장시간에 입장하시길 권합니다. 시간이 지날수록 사람도 정말 많아지고 줄도 길어지는 것쯤은 쉽게 예측하실 수 있겠죠?
또한 익스프레스 티켓을 잘 활용하면 시간을 절약할 수 있습니다. 익스프레스 티켓은 해당 놀이기구의 매표소에서 발행하는데, 자유이용권을 주면 스탬프를 찍어 주고 티켓을 줍니다. 익스프레스 티켓에 적혀 있는 해당 시간에 와서 이용하면 됩니다.

▲ USJ 인포메이션에서 대기 시간을 확인한 뒤 익스프레스 티켓을 잘 활용하면 좋습니다.

9 카이유-깡-(海遊館)과 템-포-잔-하-바-비렛지(天保山ハーバービレッジ)

카이유깐은 중앙에 위치한 8층 건물 높이의 태평양 수조를 중심으로 모든 수조들을 상하좌우 어디에서든 관찰할 수 있게 되어 있습니다. 입구의 멋진 해저 터널부터 마지막 해파리관까지 그야말로 환상적인 세계를 경험할 수 있습니다. 총 관람시간은 두 시간 정도. 입장료가 아깝지 않을 정도이니 여유가 있는 분은 꼭 한번 가보시길 바랍니다.

근처의 템포잔 하버 빌리지라는 구역에는 대형 관람차, 산타마리아 유람선 등의 놀이시설이 있고, 템-포-잔-마-켓토프레-스(天保山マーケットプレース:템포잔 마켓 플레이스), 산-토리-뮤-지아므(サントリーミュージアム:산토리 뮤지엄) 등 볼거리도 많습니다.

입장시간 : 10:00~20:00
계절에 따라 시간 변동이 있으므로 확인하시기 바랍니다. 입장은 폐관한 시간 전까지입니다. www.kaiyukan.com 한국어 지원됩니다.

입장료 : 2,300엔

▲ 카이유깐 내부

🚶 찾아가기

우메다(梅田), 텐-노-지(天王寺) 등에서 JR칸-죠-셍-을 타고 벤-텐-쵸-(弁天町)에서 전철로 갈아타고 오-사카코-(大阪港) 역에서 내립니다. 역 출구에 안내판이 있지만 이 역에서 내리는 사람들의 대부분이 카이유깐으로 가는 사람들이므로 사람이 많이 향하는 곳으로 따라가면 OK! 역에서 15분 정도는 걸어야 합니다.

〈오사카 자료 제공 : 여행박사〉

▲ 템포잔 하버 빌리지

Part 4
교토 즐기기

✈ 교-토(京都)

약 1,100여 년간(794년~1868년) 일본의 수도로서 정치·문화의 중심지였던 교토는 우리나라의 경주와 같은 곳으로 문화재의 보고입니다. 현재 교토는 넓이 4,613㎢에 인구 약 261만 명입니다. 바둑판 모양으로 곱게 짜여진 교토 거리에는 옛 궁성을 비롯 1,650개의 절과 400개에 달하는 신사(神社), 60개에 이르는 정원이 있지요.

▶ 교토타워

▲ 교토 키타야마에 있는 킨가꾸지

▲ 교토에서는 가끔 게이사를 만날 수도 있습니다.

오사카에서 교토 가기

오사카에서 교토로 가는 방법에는 여러 가지가 있습니다. 우선 한-큐-(阪急) 전철을 이용할 경우에는 일단 우
메다 역으로 가서 그곳에서 종착역인 교토의 카와라마치(河原町) 역까지 특급 전철을 타면 됩니다. 시간은 40분 정도 걸립니다. (요금 400엔)

케이한-혼-센-(京阪本線)을 이용한다면 오사카의 요도야바시(淀屋橋) 역이나 키타하마(北浜) 역에서 특급 전철을 타서 시찌죠-(七条) 역에서 내리면 됩니다. 교토 관광의 시발점이 되는 JR교토 역에서 도보로 10분 정도 떨어진 거리이니 많이 불편하지는 않을 것입니다. (요금 410엔)

교토에서 가볼 만한 곳

1 쿄-토에끼(京都駅)

교토 역은 1996년 9월에 문을 연 지상 16층, 지하 3층, 약 24만㎢에 이르는 일본 최대 규모의 터미널로, 교토의 새로운 얼굴로 자리잡고 있죠. 건축 외관이 반사유리로 되어 있고, 특히 내부 상공 45m에 위치한 유리 통로인 '공중경로'가 눈길을 끕니다.

▲ 교토 역

▲ 교토에서 가장 많은 사람들이 찾는 키요미즈테라

2 키요미즈테라(清水寺)

일본인들에게 교토하면 가장 먼저 떠오르는 곳 중 하나로 교토의 대표적인 건축물이죠. 780년에 건립된 절로 17세기에 재건되었는데, 유네스코 세계문화유산으로 지정되어 있기도 합니다. 가장 큰 볼거리는 절벽 위에 세워진 본당 건물입니다. 버스 정류장에서 내려 언덕을 올라가는 언덕 길가에 있는 재미난 기념품 가게들은 또다른 정취를 느끼게 합니다.(입장료 400엔)

3 니시홍-간-지(西本願寺)

일본 불교 정토진종 혼간지파의 본산지로, 하기사홍-간-지(東本願寺)에서 서쪽으로 걸어서 10분쯤 걸리며 국보급의 역사적 유물이 많은 곳입니다. 입장은 무료입니다.

▲ 니시혼간지

4 히가시홍-간-지(東本願寺)

교토 최대의 목조건물을 자랑하는 히가시혼간지는 도쿠가와 이에야스가 1602년에 세운 절입니다. 지금의 건물은 화재로 소실된 후에 1895년에 재건된 것이라고 합니다. 특이한 것은 이 절에는 여자 신도들의 머리카락으로 만든 밧줄이 있는데, 이 밧줄은 아주 튼튼하여 절의 재건 당시 목재를 끌어당기는데 쓰였다고 하는군요. 이곳 역시 세계문화유산에 등록되어 있습니다. 입장은 무료입니다.

▲ 히가시혼간지

5 료-안-지(竜安寺)

1450년에 창건된 선종사원으로 앞뜰에 흰 모래를 깔고, 크고 작은 15개의 돌을 배치한 카레산-스이(枯山水)식 정원으로 유명한 곳입니다. 15개의 돌은 어느 방향으로 보더라도 한 개는 반드시 다른 돌들에 가려져 보이지 않는다고 합니다. 세계문화유산에 등록되어 있습니다. (관람료 500엔)

▲ 료인지의 카레산스이식 정원

6 킹-카꾸지(金閣寺)

1397년 건립한 절로 킹까꾸지란 이름은 3층짜리 누각 2, 3층에 금칠을 입혀 붙여진 것이라고 합니다. 세계문화유산에 등록되어 있으며 군국주의자이나 탐미주의적 문학을 추구했던 일본 소설가 미시마 유키오(三島由紀夫)가 쓴 동명 소설의 배경으로도 유명한 절입니다. (입장료 400엔)

▲ 누각 전체가 금박으로 덮여 있어 '킹카꾸지(금각사)'라고 합니다.

7 니죠-죠-(二条城)

17세기 초 도쿠가와 이에야스가 숙소로 이용했던 저택이었으나, 손자 대에 이르러 성으로 재정비되었습니다. 건물 안으로 들어가면 당시의 모습이 그대로 재현된 것을 볼 수 있는데, 난간 조각이나 금속 장식 등이 호화롭게 꾸며져 있어 관광객들의 눈길을 끕니다. 수상한 자의 침입을 막기 위해 걸어다니면 삐걱거리는 소리가 나도록 만들어진 복도가 재미있죠. 니죠죠는 오후 4시까지만 입장이 허용됩니다. (입장료 600엔)

▲ 도쿠가와 이에야스가 교토에서 머물렀던 니죠죠

8 헤이안-징-구-(平安神宮)

1895년 헤이안 천도 1100주년을 기념하여 세운 신사로, 궁궐이었던 쵸-도-잉(朝堂院)을 약 3분의 2로 축소시켜 놓은 건물입니다. 오후 5시 30분까지만 관람이 가능합니다. 입장은 무료입니다.

입장시간 : 8:30∼17:30
계절에 따라 시간 변동이 있으므로 홈페이지를 확인하시기 바랍니다.
www.heianjingu.or.jp 한국어 지원됩니다.
입장료 : 성인 600엔

▲ 옛 궁궐을 축소해서 세운 헤이안진구

〈교토지방 자료제공 : 여행박사〉

Part 5
나라 즐기기

✈ 나라(奈良)

▶ 나라 공원

나라는 오사카나 교토에서 일반 전철로 약 40분 거리에 있는 조용한 관광지이지만, 여행자들에게는 간과해서는 안 될 중요한 곳입니다. 꾸미지 않은 자연과 시골 풍경이 곳곳에 남아 있고, 교토처럼 유명하거나 잘 정비되지는 않았지만, 인적이 드문 길가에 들꽃과 나란히 서 있는 오래된 불상, 혹은 사람들의 발길이 닿지 않는 깊은 곳에 있는 사찰 등, 마음을 따뜻하게 해 주는 풍경들을 많이 만날 수 있는 곳이니까요.

교토 천도 이전의 수도였던 만큼 역사와 관련된 유물과 사찰들이 많이 남아 있으며, 거의 개발되지 않은 자연 그대로의 수수한 아름다움이 그곳을 찾는 여행자들에게 마치 고향에 온 듯한 느낌을 줍니다.

관광

▲ 토다이지

관광 안내 표지판에는 한글로도 기재되어 있습니다 ▲

세계문화유산으로 등록된 히에이장- 엔-랴꾸지(比叡山 延曆寺), 일본 국보로 지정된 히코네죠(彦根城) 등을 비롯하여 귀중한 역사유산이 많습니다.

오사카에서 나라 가기

① 오사카 남바 역(긴-테츠 나라셍-[近鉄奈良線]-급행열차) → 긴테츠 나라 역에서 하차. 요금 560엔, 소요시간 40분

② 오사카 남바 역(긴테츠 나라센 특급열차) → 긴테츠 나라 역에서 하차. 요금 1,070엔, 소요시간 30분

③ 오사카(JR쾌속열차) → JR나라 역에서 하차. 요금 800엔, 소요시간 60분

▲ 긴테츠 나라 역 간판

나라에서 가볼 만한 곳

1 호-류-지(法隆寺)

담징의 금당벽화로 너무나 잘 알려진 호류지는 담징의 사불정토도(社佛 土図)로 더욱 더 유명한 절입니다. 세계에서 가장 오래 된 목조건물이라는 금당은 1949년 해체수리 도중 아래층에서 발생한 화재로 사불정토도의

▲ 금당벽화로 유명한 호류지

일부가 훼손되어 지금은 모사품이 전시되어 있습니다. 다이호-조-덴-(大宝像殿)은 호류지의 각종 보물을 전시하는 곳으로 금당벽화의 일부와 일본 국보 1호인 백제관음상 등 수많은 유물이 전시되어 있습니다.

2 나라코-엥-(奈良公園)

나라 공원은 사슴 공원으로도 불리는 광대한 자연공원으로, 공원 곳곳에는 유명한 사찰과 신사들이 자리잡고 있고, 따로 울타리도 없이 넓은 잔디밭에 사슴을 방목하고 있습니다. 공원 입구에서 오층탑까지 이어진 이 길은 이 공원의 명소로 사진에 담을 만한 곳이 많습니다. 오층탑에서 박물관으로 가는 표지판을 따라 이동하면 됩니다.

▲ 나라 역에서 가까운 사슴 공원

3 나라 코꾸리쯔하꾸부쯔깡-(奈良国立博物館)

도쿄와 교토의 국립박물관과 함께 일본 3대 박물관 중 하나로 꼽히는 나라 국립박물관은, 100년이 넘는 역사를 자랑하는 유서 깊은 곳입니다. 이곳에는 특히 각 시대의 귀중한 불교 미술계 작품을 중심으로 전시하고 있습니다. 1월 1일, 매주 월요일을 제외하고 매일 오전 9시 30분부터 오후 5시까지 개관하고 있습니다.

▲ 귀중한 불교 미술작품이 소장되어 있는 나라 국립박물관

관람료: 어른 520엔, 대학생 260엔, 고등학생 이하 및 18세 미만은 무료

4 사루사와노이케(猿沢の池)

긴테츠 나라 역에서 내려 나라공원으로 가기 전에 볼 수 있는 호수로, 코-후쿠지(興福寺)의 오층탑이 보이는 곳입니다. 일본의 만-요슈-(万葉集)라는 유명한 고전에도 등장하는 연못으로, 바람이 없는 날이면 연못 위쪽으로 오층탑이 그림자를 드리우는데, 이 모습이 나라 8경의 하나로 꼽힙니다. 긴테츠 나라 역에서 도보 5분, 또는 JR나라 역에서 도보로 15분 거리에 위치한 곳입니다.

▲ 코후쿠지의 5층탑이 비치는 모습

5 코-후쿠지(興福寺)

긴테츠 나라 역에서 동쪽으로 5분 정도 거리에 있으며, 당시 가장 큰 권세를 부린 후지와라 일족을 보호하는 절로, 710년에 창건되었습니다. 후지와라가의 권세가 가장 컸던 시기에는 이 절에 175개의 가람이 있었다고 하는데, 현재는 6개만 남아 있습니다.

▲ 세계문화유산으로 지정된 코후쿠지

▲ 대불로 유명한 토다이지

6 토-다이지(東大寺)

세계 최대의 목조건물인 다이부쯔뎅 -(大仏殿)과 세계 최대의 청동불상인 다이부쯔(大仏)로 유명한 곳입니다. 이 절의 또 다른 볼거리는 쇼-소-잉 -(正倉院)에 소장된 보물들입니다. 일본 외에도 중국, 인도 등 외국에서 전래된 많은 동양의 고미술품이 보관되어 있습니다.

▲ 세계 최대의 금동 불좌상

7 카스가타이샤(春日大社)

768년에 창건되었으며 일본에서 가장 유명한 신사 중 하나입니다. 경내 곳곳에 있는 돌 등롱과 철 초롱은 신앙심 깊은 사람들이 기증한 것이라고 합니다. 긴테츠 나라 역에서 나라 교통 버스를 타고 카스가타이샤 오모테산도 정거장에서 하차하면 됩니다.

▲ 토다이지의 정문

〈나라 지방 자료 제공 : 여행박사〉

▲ 1년에 2번, 큰 행사가 있는 날 불이 켜지는 등롱과 총롱

Part 6
코베 즐기기

✈ 코-베시(神戸市)

▲ 코베시 전경

항구를 중심으로 한 교통의 요충지로서, 1868년 개항 후 외국인 거류지 설치를 계기로 많은 외국인이 이주하여 옛 외국인 거류지인 낭-킨-마찌(南京町), 서양식 저택이 밀집된 기타노(北野) 등 이국 정취가 넘치는 곳이 많습니다. 1995년 1월 한신 대지진이 코베 지방을 강타했는데, 그 후 순조롭게 부흥계획이 진행되어 코베항 지진재해 기념공원 등 지진의 기억을 후손에게 전하기 위한 시설도 정비되어 있습니다.

코베에서 가볼 만한 곳

1 토아로-도(トアロード Tor Road)

일본의 옛 역사와 현대가 공존하는 곳으로 일본 속의 이국 정서를 느낄 수 있는 거리입니다. 이슬람교도들의 모습도 심심치 않게 발견할 수 있죠. 또한 일본 술부터 빵, 초콜릿, 압화(押花)에 이르기까지 일본 장인들의 솜씨를 느낄 수 있는

▲ 토아로드

키타노코-보-(北野工房)와 19세기 영국인 건축가의 사저인 슈-에케테-(シュウエケ低), 무스리무모스크(ムスリムモスク:이슬람 교도 사원) 등이 차례로 늘어서 있습니다.

찾아가기
JR모토마치(元町) 역 동쪽 출구에서 동쪽으로 도보 5분 거리입니다.

2 기타노쵸-(北野町) 광장 주변(kitano-cho Plaza)

코베항 개항 이래 많은 서양인이 이주한 지역으로 토아로드의 끝에서 이어지는 내리막길 지역을 말합니다. 서양인의 옛 저택(異人館:이진-깐-)들이 일반인에게 공개되고 있으며, 최근에는 이들 저택을 이용한 고급 복식점이 늘어나고 있습니다.

▲ '이진깐 길' 표지판

▲ 공개된 이진깐

3 낭-킨-마찌(南京町)

코베에 있는 차이나타운으로 대부분 만두와 라면을 파는 상점가입니다. 우리 만두와는 다른 난킨마찌의 만두를 먹어 보는 것도 색다른 경험이 되겠지요. 물론 일본 어

▲ 고베의 차이나타운

느 곳에서나 그렇듯 맛있는 집은 줄을 서서 기다려야 합니다.

찾아가기

모토마치(元町) 역 부근에서 큰길을 건너 항구 방향으로 직진, 다이마루(大丸) 백화점에서 한 블럭 더 내려가면 큰 중국풍 음식점 옆에 장안문(長安門)이 보입니다.

▲ 장안문

4 메리켄-파-크(メリケンパーク)

메리켄 파크는 코베의 워터프론트 지역입니다. 포-토타와-(ポートタワー:포트 타워)나 카이요-하꾸부쯔깡-(海洋博物館:해양 박물관) 등이 있으며 항구를 돌아가는 배들도 발착합니다. 인접한 하-바-란-도(ハーバーランド:하버랜드)에서는 쇼핑이나 식사를 즐길 수도 있습니다. 하버랜드에서 바라보는 고베 포트 타워와 해양 박물관의 야경은 정말 아름답습니다.

▲ 높이 108m의 포트 타워

찾아가기

난킨마찌에서 항구 방향으로 직진하면 표지판이 보입니다. 난킨마찌에서 도보로 10분 정도 거리입니다.

▲ 하버랜드

5 히메지죠-(姫路城)

히메지 성은 검은색을 띠고 있는 대부분의 일본 성들과 달리 백색 회칠이 되어 있는 성으로 일본의 성 중에서 드물게 전통적 구조를 제대로 유지하고 있는 성이지요.

유명한 오사카 성이나 쿠마모토 성, 나고야 성 등은 대부분 내부를 개조해서 박물관이나 전시관으로 활용하고 있습니다. 심지어 엘리베이터까지 설치되어 있을 정도이기 때문에, 내부를 봐서는 일본의 성에 대해 전혀 알 수 없지요. 만약 건축에 관심이 있거나 일본의 전통적인 성을 보고 싶다면 히메지 성을 적극 추천합니다.

▲ 일본에서는 처음으로 세계문화유산에 등재된 히메지 성

▲ 옛 모습 그대로 유지되고 있는 히메지 성 내부

개관시간 : 9:00~16:00 (4/27~8/31은 9:00~17:00) 입장은 폐관 1시간 전까지 가능

관람료 : 어른 1,000엔

찾아가기

① JR히메지 역에서 내려 북쪽으로 도보 15분 거리.
② 히메지 역 앞에서 버스를 타고 히메지죠-·오-테몽-코-코엠-마에(姫路城·大手門 好古園前)에서 하차, 5분 소요.
③ 오사카에서 신쾌속으로 1시간, 코베에서는 40분 정도 걸립니다.

〈코베 지방 자료 제공 : 여행박사〉

Part 7
홋카이도 즐기기

✈ 홋-카이도-(北海道)

사계절 변화가 뚜렷한 홋카이도는 일본 최북단에 위치한 섬으로 일본 국토의 22%에 해당하는 면적을 차지하고 있습니다. 23개의 자연공원 (국립공원 6개, 국정공원 5개, 도립공원 12개)이 있는데 그 넓이가 무려 홋카이도의 10%를 차지한다고 합니다. 최근에는 홋카이도를 방문하는 우리나라 여행객이 상당히 증가하고 있는 추세라고 합니다. 추천 코스는 삿-뽀로(札幌) 시 주변, 죠-장-케이(定山渓), 오타루(小樽), 노보리베쯔(登別), 하코다테(函館) 등입니다.

홋카이도에서 가볼 만한 곳

1 삿-뽀로(札幌)

'눈축제', '삿뽀로 맥주' 등으로 유명한 홋카이도의 대표적인 도시 삿뽀로. 삿뽀로를 중심으로 한 주요 관광지는 지하철이나 버스로 이동하면서도 충분히 둘러볼 수 있습니다.

▲ 삿뽀로 거리 풍경

오-도-리 코-엥-(大通り公園)

삿뽀로 역 주변의 대표적인 관광명소로, 겨울의 화이트 일루미네이션과 여름의 비어가든이 많은 관광객을 불러모읍니다. 삿뽀로 역에서 나가면 바로 오오도오리 공원이 나옵니다.

삿-뽀로 테레비토-(札幌テレビ塔)

오오도오리 공원의 동쪽에 우뚝 선 높이 147.5m의 이 텔레비전탑은 오오도오리 공원의 상징입니다. 지상 90m 높이에 전망대가 있는데, 발밑으로 보이는 오오도오리 공원과 거리 풍경은 마음까지 시원하게 해줍니다.

전망대 요금 : 어른 720엔, 고등학생 600엔, 중학생 400엔, 초등학생 300엔, 3세 이상 100엔

▲ 삿뽀로 화이트 일루미네이션

▶ 삿뽀로 TV탑

홋-까이도-쵸-큐-혼-쵸-샤(北海道庁旧本庁舎)

'붉은 벽돌'이라는 애칭으로 사랑받고 있는 홋카이도 구 청사는 1888년에 미국식 네오바로크 양식으로 건축되었는데, 청사 내부는 홋카이도 도립 문서관으로 일반인에게 개방합니다. 삿뽀로 역에서 도보로 10분 거리에 있습니다.

시간 : 08:45~18:00
휴일 : 연말연시
요금 : 무료

삿-뽀로비-루하꾸부쯔깡-(サッポロビール博物館)

'삿뽀로' 하면 맥주가 생각날 정도로 삿뽀로 맥주는 유명하죠. 삿뽀로 맥주 박물관은 창설 당시부터 제조 변천사, 그리고 홋까이도 개척사와 관련된 내용을 다양한 전시물과 영상자료를 사용하여 소개합니다. 삿뽀로 역 남쪽 출구에서 버스 화쿠토리-셍-(ファクトリー線)을 타고 삿뽀로 맥주 박물관에서 하차하면 됩니다.

시간 : 11:30~20:00(입관은 19:30까지)
휴일 : 매주 월요일(월요일이 휴일이면 다음 날), 특별휴관일, 연말연시
요금 : 무료

스스키노(すすきの)

삿뽀로 최대 번화가를 꼽자면 뭐니뭐니 해도 스스키노! 삿뽀로 역에서

▲ 붉은 벽돌이 인상적인 홋카이도 도청 구 본청사

▲ 스스키노의 밤거리

지하철로 두 정거장인 이곳에는 먹거리, 놀거리가 무척 많습니다. 오오도오리 공원을 지나면서 천천히 둘러보는 것도 좋겠지만, 걷기 싫어하는 여행객이라면 지하철을 이용하세요.

스스키노 주변은 음식 가격이 비쌀 수도 있지만 노미호-다이(飲み放題:보통 60분, 90분 한정으로 마음껏 마실 수 있는 서비스)도 많으니 잘 찾아 보세요. ^^; 보통 노미호-다이, 타베호-다이(食べ放題: 한정된 시간 동안 마음껏 먹는 서비스)는 1인당 5,000엔 정도입니다.

▲ 삿뽀로 제일의 유흥가 스스키노

2 죠-장-케-(定山渓)

죠잔케이는 온천으로 유명한 계곡입니다. 삿뽀로 역에서 버스로 약 1시간 20분 정도 걸리는 곳에 있습니다. 온천 이외에도 산책 코스로 유명한 유노타키(湯の滝), 죠잔케이의 상징 캇빠(かっぱ) 동상, 후타미(二見) 출렁다리 등 볼거리가 다양합니다.

찾아가기

삿뽀로 역 터미널에서 죠-테쯔(定鉄)를 타거나 도-낭-(道南) 버스를 타고 죠-장-케-온-셍-(定山渓温泉)에서 하차.
지하철 남-보꾸셍-(南北線) 마코마나이(真駒内) 역에서 버스를 타고 죠잔케이온센에서 하차.

▲ 130여 년의 역사를 지니고 있는 죠잔케이 온천가

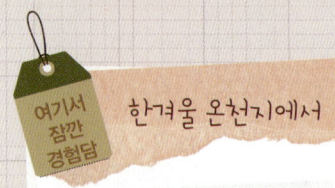
한겨울 온천지에서

저는 홋카이도에 가면 온천도 즐기고 자연도 즐길 겸 죠잔케이를 종종 찾습니다. 하루는 죠잔케이에서 내려서 온천으로 가기 전에 댐 - 이 댐의 경관 또한 멋집니다 - 구경을 가겠다고 혼자 눈보라를 맞으며 가고 있었습니다. 그런데 한참을 가다가 주위를 둘러보니 야생동물들의 발자국이 하나 둘 보이는 게 아닙니까!

그때까지 갖은 폼을 다 잡고 낭만을 즐기다가 그것을 본 순간 부리나케 온천지로 돌아왔던 적이 있지요.

나중에 그곳 사람들에게 물어보니, 겨울에(그것도 눈보라 휘날리는 날) 그런 곳에서 혼자 걷다가는 곰이나 여우 같은 야생동물에게 당할 수 있다는 것입니다. 여러분! 한겨울에는 괜히 폼 잡고 돌아다니지 말고 온천만 즐기도록 합시다.

▲ 죠잔케이 온천에서 댐까지의 풍경

3 오타루(小樽)

이와이 슌지 감독의 영화 '러브 레터'의 촬영지로 잘 알려져 있는 오타루는 유리공예, 오르골, 운하로 유명하며 역사와 로맨스가 살아 있는 도시라고 할 수 있습니다.

과거에는 유럽 각국과의 교류 관문이었던 곳으로, 지금도 시내에 서는 유럽형 석조건물을 곳곳에서 볼 수 있기 때문에 마치 유럽의 한 도시에 와 있는 듯한 느낌을 받습니다.

▲ 오타루의 겨울 운하

오타루의 겨울 운하는 꼭 보시길 추천합니다. 특히, 겨울 오타루 운하축제에 간다면 자원 봉사자들이 만들어 놓은 수많은 촛불을 배경으로 사진을 꼭 찍어 두세요. 아마 두고두고 잊지 못할 추억거리가 될 것입니다. JR미나미오타루(南小樽) 역에서 도보로 15분 정도 걸립니다.

일본 최대의 오르골 전문점 오타루 오루고-루도-(オルゴール堂)

19세기 후반에 제작된 안티크 오르골을 비롯하여 수백 종류의 오르골을 전시·판매하는 본관, 세계 각국의 귀중한 안티크 오르골을 모은 박물관인 2호관에 한 번 들러보세요. 특히, 2호관에서는 하루에 네 번 파이프 오르간 연주회를 합니다. 시간 맞춰 가셔서 아름다운 오르골 소리를 감상해 보는 것은 어떨까요? JR미나미오타루 역에서 도보로 7분 정도 거리에 있습니다.

▲ 오타루 오르골 당

유리공방 키타이찌 가라스상-고-깡-(北一硝子三号館)

전 세계의 램프와 유리공예품을 모은 갤러리. 167개의 램프 불이 흔들거리는 키타이찌 홀은 말 그대로 환상 그 자체입니다. JR 오타루 역에서 도보 20분, JR미나미오타루 역에서는 도보로 10분 거리에 있습니다.

영업시간 : 08:45~18:00
연중무휴

▲ 수공예로 만든 유리제품이 가득한 유리관

그 외에도 유리 장인들의 작업 모습을 견학할 수 있는 'The Glass Studio In Otaru'와 18세기 베네치아 유리를 중심으로 약 2만 점의 가구가 전시되어 있는 '키타이찌 베네치아 비쥬쯔깡-(北一ベェネツィア美術館)' 등지에 가면 오타루 유리공예의 진수를 느끼게 될 것입니다.

4 노보리베쯔(登別)

온천 천국 '노보리베쯔(登別)'. 해발 200미터에 위치한 노보리베쯔 온천가의 또다른 재미는 일본 전통 의상인 유카타를 입고 온천가 산책을 즐기는 것입니다. 저도 유카타 차림으로 온천가를 돌아다녔는데, 조금 창피하기도 했지만 그 나름대로 재미있었답니다.

▲ 지코쿠다니

▲ 노보리베쯔 역

단지 일본식 나막신(下駄:게따)을 신어서 발이 몹시 시려웠답니다. 노보리베쯔 온천가의 메인 스트리트를 극락가라고 하는데, 산책을 즐기거나 토산품을 구경하는 유카타 차림의 관광객들로 항상 붐빕니다. 선물가게에 가면 온천의 상징인 도깨비를 디자인한 도레-(土鈴:흙으로 만든 방울)와 도깨비 가면, 과자, 향토 맥주 등 노보리베쯔에서만 볼 수 있는 여러 상품이 진열되어 있습니다.

▲ 일본의 나막신

찾아가기

- 신치토세(新千歲) 공항에서 도-낭-(道南) 버스 이용 1시간 소요.
- 치토세 공항에서 JR노보리베쯔 급행을 타면 47분 소요.
- 삿뽀로에서 JR노보리베쯔 급행 1시간 5분 소요. 버스는 1시간 40분 소요.

▼ 노보리베쯔의 마스코트인 도깨비

5 하코다테(函館)

▲ 하코다테의 야경

하코다테는 홋카이도의 현관이라고 일컬어지는 곳으로, 개항지 특유의 일본 내 이국 정서가 물씬 풍기는 항구도시입니다. 새벽시장(朝市)에서 신선한 해조류와 함께 먹는 아침식사는 아마 잊을 수 없는 추억이 될 것입니다. 또 이곳에 가면 하코다테 산 정상에서 야경을 감상하고 오세요. 독특한 지역을 따라 빛나는 거리의 불빛이 마치 보석을 뿌려놓은 것 같답니다.

토라피스치누 슈-도-잉-(トラピスチヌ修道院)

프랑스에서 파견된 수녀가 창설한 일본 최초의 수녀원. 현재도 많은 수녀님들이 생활하고 계십니다.

▲ 일본 최초의 여자 수도원

▲ 하코다테의 새벽 수산시장

새벽시장(朝市)

하코다테 역에서 도보로 1분 거리에 있는 새벽시장은 약 360여 개의 가게가 들어서 있는데, 해조류, 농산물, 건어물 등 없는 것이 없을 정도로 다양한 상품이 있지요. 활기 넘치는 새벽시장에서 독특한 활기를 느껴보는 것은 어떨까요?

> **홋카이도 정보 얻기!**
>
> 홋카이도를 비롯하여 아오모리(青森) 현, 이와테(岩手) 현, 아키타(秋田) 현과 관련된 정보를 얻으려면 북도호쿠 3현 홋카이도 서울사무소를 찾아가면 됩니다. 서울사무소까지 가기 힘들다면 홍보 사이트에 방문하여 필요한 정보를 얻는 것도 좋습니다.
>
> 북도호쿠 3현 홋카이도 서울 사무소 : 09:00~17:30
> 휴관일 : 토요일, 일요일, 국경일, 12월 29일~1월 3일
>
> ※ 사전에 전화로 문의를 하는 편이 좋습니다.
>   전화 : 02-771-6191~2
>   홈페이지 : http://www.beautifuljapan.or.kr

중요단어 미리보기

관광지	관광명소	관광코스	관광버스
캉-꼬-찌	캉-꼬-메-쇼	캉-꼬-코-스	캉-꼬-바스
観光地	観光名所	観光コース	観光バス
かんこうち	かんこうめいしょ	かんこう	かんこう

공원	수족관	디즈니랜드
코-엥-	스이조꾸깡-	디즈니-란-도
公園	水族館	ディズニーランド
こうえん	すいぞくかん	

디즈니씨(sea)	유니버셜스튜디오	놀이기구
디즈니-시-	유니바-사루스타지오	아토락숑-
ディズニーシー	ユニバーサルスタジオ	アトラクション

온천		입욕료
온-셍-		뉴-요꾸료-
温泉		入浴料
おんせん		にゅうよくりょう

	노천탕	계곡	폭포
	로템-부로	타니	타키
	露天風呂	谷	滝
	ろてんぶろ	たに	たき

산	바다	바닷가	강
야마	우미	우미베	카와
山	海	海辺	川
やま	うみ	うみべ	かわ

섬	입구	출구	매표소
시마	이리구찌	데구찌	치켓또우리바
島	入口	出口	チケット売り場
しま	いりぐち	でぐち	うば

| 입장료
뉴-죠-료-
入場料
にゅうじょうりょう | 大人800円
子供400円 | 성인
오또나
大人
おとな | 아이
코도모
子供
こども |

| 한국어 팸플릿
캉-꼬꾸고팡-후렛또
韓国語パンフレット
かんこくご |  | 매점
바이뗑-
売店
ばいてん |

| 선물
오미야게
お土産
みやげ | 사진
샤싱-
写真
しゃしん | 사진을 찍다
샤싱-오 토루
写真を 撮る
しゃしん と | 카메라
카메라
カメラ |

| 필름
휘르무
フィルム | 디지털카메라
데지타루카메라(데지카메)
デジタルカメラ(デジカメ) | 충전
쥬-뎅-
充電
じゅうでん |

| 전압
뎅-아쯔
電圧
でんあつ | 촬영금지
사쯔에-킨-시
撮影禁止
さつえいきんし |  | 플래시
후랏슈
フラッシュ |

관광

바로바로 회화

관광지 찾아가기

💬 이 지역에서 유명한 관광지는 어디입니까?

코노 치이끼데 유-메-나 캉-꼬-찌와 도꼬데스까

この 地域で 有名な 観光地は どこですか。

💬 가장 가볼 만한 곳은 어디인가요?

이찌방-노 미도꼬로와 도꼬데스까

一番の 見所は どこですか。

💬 에도 도쿄 박물관에 가려고 하는데요.

에도도-쿄-하꾸부쯔깡-에 이키따인-데스가

江戸東京博物館へ 行きたいんですが。

미술관	영화관	동물원	식물원
비쥬쯔깡-	에-가깡-	도-부쯔엥-	쇼꾸부쯔엥-
美術館	映画館	動物園	植物園

온천	절	신사	테마파크
온-셍-	오테라	진-쟈	테-마파-크
温泉	お寺	神社	テーマパーク

💬 어떻게 가면 되나요?

도-얏떼 이케바 이이데스까
どうやって 行けば いいですか。

💬 전철로 갈 수 있나요?

덴-샤데 이케마스까
電車で 行けますか。

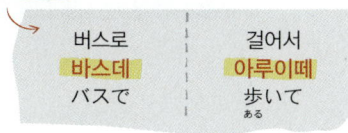

버스로	걸어서
바스데	아루이떼
バスで	歩いて

💬 야간 열차(버스)가 있나요?

야코-렛샤(바스)가 아리마스까
夜行列車(バス)が ありますか。

💬 젊은이들에게 인기가 많은 곳에 가보고 싶은데요.

와까모노니 닝-키노 아루 토꼬로니 잇떼 미따인-데스가
若者に 人気の ある ところに 行って みたいんですが。

💬 시내 구경을 하고 싶어요.

시나이노 켐-부쯔오 시따인-데스가
市内の 見物を したいんですが。

관광지에서

💬 티켓은 어디에서 사면 되나요?
   치켓또와 도꼬데 카에바 이이데스까
   チケットは どこで 買えば いいですか。

💬 입장료는 얼마입니까?
   뉴-죠-료-와 이꾸라데스까
   入場料は いくらですか。

💬 어른 두 장 주세요.
   오또나 니마이 쿠다사이
   大人 2枚 ください。

💬 학생할인은 안 되나요?
   각-세-와리비끼와 아리마셍-까
   学生割引は ありませんか。

💬 안내 지도 두 장 주세요.
   안-나이치즈 니마이 쿠다사이
   案内地図 2枚 ください。

💬 한국어 팸플릿은 있나요?
   캉-꼬꾸고팡-후렛또와 아리마스까
   韓国語パンフレットは ありますか。

💬 몇 시까지 해요?

난-지마데 아이떼 이마스까
何時まで 開いて いますか。

💬 가이드는 있나요?

가이도와 츠끼마스까
ガイドは つきますか。

💬 시내 관광버스가 있습니까?

시나이 캉-꼬-바스와 아리마스까
市内観光バスは ありますか。

💬 관광투어에 참가하고 싶은데요.

캉-꼬-쯔아-니 상-까시따인-데스가
観光ツアーに 参加したいんですが。

💬 야간 관광이 있습니까?

나이토쯔아-와 아리마스까
ナイトツアーは ありますか。

💬 가장 인기가 많은 놀이기구는 어떤 거예요?

이찌방- 닝-키노 아토락숑-와 도레데스까
一番 人気の アトラクションは どれですか。

관광

💬 이 코스는 어떤 것을 볼 수 있나요?

코노 코-스다또, 돈-나 모노가 미라레마스까

この コースだと、どんな ものが 見られますか。

💬 조용히 해 주세요.

시즈까니 시떼 쿠다사이

静かに して ください。

💬 만지지 마세요.

사와라나이데 쿠다사이

触らないで ください。

사진 찍기

💬 여기에서 사진 찍어도 되나요?
코꼬데 샤싱-오 톳떼모 이이데스까
ここで 写真を 撮っても いいですか。

💬 아니요, 사진을 찍으면 안 됩니다.
이에, 샤싱-오 톳떼와 이케마셍-
いいえ、写真を 撮っては いけません。

💬 사진 좀 찍어 주시겠어요?
샤싱-오 톳떼 이따다께마스까
写真を 撮って いただけますか。

💬 저 건물이 나오게 찍어 주세요.
아노 타떼모노오 이레떼 쿠다사이
あの 建物を 入れて ください。

💬 다리는 나오지 않게 해 주세요.
아시와 우쯔라나이요-니 시떼 쿠다사이
足は 写らないように して ください。

💬 전신이 다 나오게 찍어 주세요.
젠-싱-가 하이루요-니 톳떼 쿠다사이
全身が 入るように 撮って ください。

관광

💬 같이 찍어요.

잇쇼니 토리마쇼-
一緒に 撮りましょう。

💬 이 버튼만 누르시면 됩니다.

코노 보탕-오 오스다께데스
この ボタンを 押すだけです。

💬 찍습니다. 하나, 둘, 셋!

토리마스. 이찌, 니, 상-
撮ります。1、2、3!

💬 한 장 더 찍겠습니다.

모- 이찌마이 토리마스
もう 1枚 撮ります。

💬 감사합니다.

아리가또-고자이마스
ありがとうございます。

💬 사진 찍어 드릴까요?

샤싱-오 토리마쇼-까
写真を 撮りましょうか。

💬 사진을 보내 드릴테니 여기에 주소를 적어 주세요.

샤싱-오 오꾸리마스노데, 코꼬니 쥬-쇼오 카이떼 쿠다사이
写真を 送りますので、ここに 住所を 書いて ください。

💬 필름을 어디에서 팔아요?

휘르무와 도꼬데 웃떼 이마스까
フィルムは どこで 売って いますか。

일회용 카메라	건전지	기념품
츠까이스떼카메라	**덴-찌**	**키넹-힝-**
使い捨てカメラ	電池	記念品

관광

Chapter 8
위급상황

이 근처에 파출소가 있나요?

この 辺に 交番は ありますか。
　　へん　　こうばん

코노 헨-니 코-방-와 아리마스까

해외에 나가서 가장 난처한 순간은 도난이나 분실, 사고 등 위급한 상황이 벌어졌을 때일 것입니다. 그러나 이런 상황일수록 더욱 침착해야 한다는 점 아시죠? 이럴 때 꼭 필요한 표현 몇 가지를 알아 두면 좀 더 안심이 되지 않을까요.

위급상황

✈ 만일의 사고에 대비하기

여행 중에 지갑이나 가방을 분실하면 돈도 돈이지만 여권이나 항공권을 잃어버린 것에 적잖이 당황하게 됩니다. 혹시라도 생길지 모르는 사고에 대비해서 미리 아래 사항을 체크해 두세요.

> **분실에 대비하여 이것만은 꼭!**
> - 여권 : 여권번호, 발행일은 반드시 따로 수첩 등에 기재할 것.
> - 항공권 : 이용 항공사, 편명, 시간대 또한 따로 기재할 것.
> - 사진 : 증명사진 2~3장 정도 보관할 것.
> - 여행사 연락처 : 항공권 티켓 구입 시의 여행사 담당직원 이름과 연락처, 일본 내 한국대사관 연락처는 알아둘 것.

또한 여행 시에는 타지를 여행하는 데서 오는 피로로 인해 소소한 질병이 생길 수 있습니다. 그러나 일본에서는 우리나라처럼 처방전이 없으면 약을 사지 못합니다. 그러므로 만약의 불상사에 대비하여 상비약을 꼭 챙기세요.

일본의 병원 간판들

내과
나이까
内科
ないか

산부인과
후징-까
婦人科
ふじんか

치과
시까
歯科
しか

외과
게까
外科
げか

이비인후과
지비잉-코-까
耳鼻咽喉科
じ び いんこう か

안과
간-까
眼科
がんか

▶ '처방전 접수'라고 쓰여 있는 약국 간판

중요단어 미리보기

| 파출소
코-방-
交番
こうばん | 경찰
케-사쯔
警察
けいさつ | 한국대사관
캉-꼬꾸타이시깡-
韓国大使館
かんこくたいしかん | 가방
카방-
かばん |

| 지갑
사이후
財布
さいふ | 여권
파스뽀-또
パスポート | 돈
오카네
お金
かね | 잃어버리다
나꾸스
なくす |

| 도난
토-낭-
盗難
とうなん | 분실
훈-시쯔
紛失
ふんしつ | 교통사고
코-쯔-지꼬
交通事故
こうつうじこ | 화재
카지
火事
かじ |

| 구급차
큐-뀨-샤
救急車
きゅうきゅうしゃ | 약
쿠스리
薬
くすり | 병원
뵤-잉-
病院
びょういん | 의사
오이샤상-
お医者さん
いしゃ |

| 간호사
캉-고시상-
看護師さん
かんごし | 주사를 맞다
츄-샤오 우쯔
注射を うつ
ちゅうしゃ | 진찰
신-사쯔
診察
しんさつ | 부상
케가
けが |

| 수술
슈쥬쯔
手術
しゅじゅつ | 혈압
케쯔아쯔
血圧
けつあつ | 기침이 나오다
세끼가 데루
咳が 出る
せき で | 열이 있다
네쯔가 아루
熱が ある
ねつ |

| 감기 걸리다
카제오 히꾸
風邪を ひく
かぜ | 입을 벌리다
쿠찌오 아케루
口を 開ける
くち あ | 알레르기
아레루기-
アレルギー |

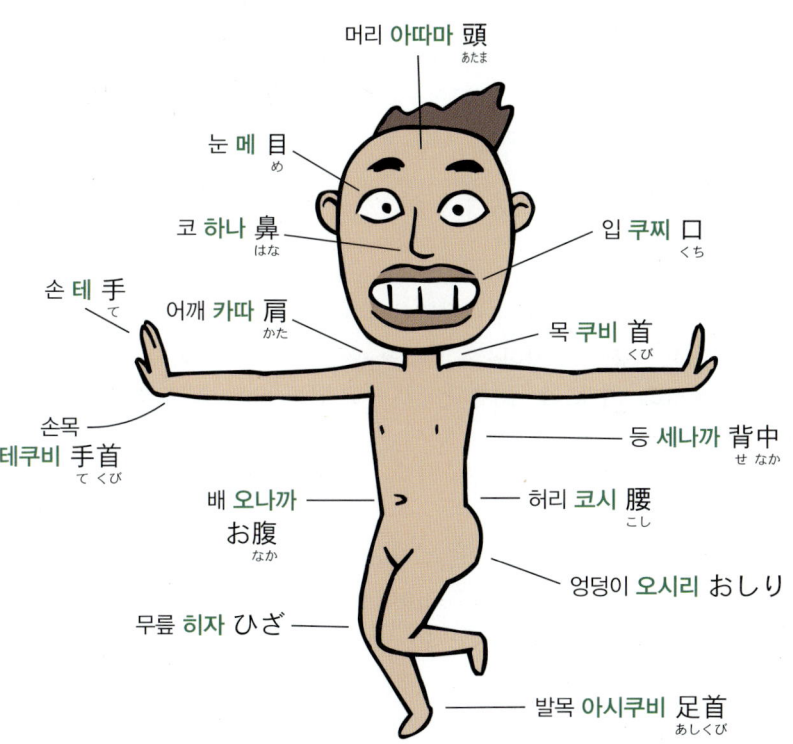

바로바로 회화

분실·도난

💬 이 근처에 파출소가 있습니까?
코노 헨-니 코-방-와 아리마스까
この 辺に 交番は ありますか。

💬 가방을 잃어버렸는데요.
카방-오 나꾸시딴-데스가
かばんを なくしたんですが。

💬 가방 안에는 지갑과 여권, 항공권이 있습니다.
카방-노 나까니와 사이후또 파스뽀-또또 코-꾸-켕-가 아리마스
かばんの 中には 財布と パースポートと 航空券が あります。

💬 현금은 약 10만 엔 정도 있었습니다.
겡-킹-와 야꾸 쥬-망-엥-구라이 아리마시따
現金は 約 10万円ぐらい ありました。

💬 어디에서 잃어버렸는지 모르겠어요.

　　도꼬데 나꾸시따노까 와까리마셍-
　　どこで なくしたのか わかりません。

💬 떨어뜨렸는지 훔쳐갔는지 모르겠어요.

　　오또시따노까 누스마레따노까 와까리마셍-
　　落としたのか 盗まれたのか わかりません。

💬 공중전화 앞에서 잃어버렸습니다.

　　코-슈-뎅-와노 마에데 나꾸시마시따
　　公衆電話の 前で なくしました。

💬 택시 안에 두고 내렸습니다.

　　타꾸시-노 나까니 오키와스레마시따
　　タクシーの 中に 置き忘れました。

위급
상황

일본의 코방

일본의 전철, 지하철 주변을 유심히 살펴보면 어김없이 코-방-(交番)을 볼 수 있습니다. 우리나라로 치면 파출소인 셈이지만 우리나라 파출소와는 다소 분위기가 다릅니다.

일본의 코방에서는 길을 묻는 이들을 안내하거나 심지어는 자전거 타이어에 바람까지 넣어주더군요. 오죽하면 코방에서 근무하는 경찰들의 기본적인 업무가 도대체 무엇일지 의문이 생길 정도입니다. 여러분도 혹시 길을 잃으면 근처에 있는 코방을 찾아가세요. 그곳의 경찰관들은 인근 지역에 관한 한 여행 안내소보다 더 자세하게 친절하게 가르쳐 줄 겁니다.

▲ 역 근처에서 쉽게 찾을 수 있는 코방

💬 어떻게 하면 됩니까?
　　도-스레바 이이데스까
　　どうすれば いいですか。

💬 한국대사관 연락처를 가르쳐 주세요.
　　캉-꼬꾸타이시깐-노 뎅-와방-고-오 오시에떼 쿠다사이
　　韓国大使館の 電話番号を 教えて ください。

💬 카드를 정지시켜 주세요.
　　카-도오 무꼬-니 시떼 쿠다사이
　　カードを 無効に して ください。

💬 만약 찾으면 연락주세요.
　　모시 미쯔캇따라 렌-라꾸 쿠다사이
　　もし 見つかったら 連絡 ください。

💬 도쿄 호텔의 303호실에 묵고 있습니다.
　　도-쿄-호테루노 삼-뱌꾸상-고-시쯔니 토맛떼 이마스
　　東京ホテルの ３０３号室に 泊まって います。

💬 전화번호는 356-2131입니다.
　　뎅-와방-고-와 상-고로꾸노 니이찌상-이찌데스
　　電話番号は ３５６の ２１３１です。

사고

사고예요!

지꼬데스

事故です！
じ こ

불이 났어요!

카지데스

火事です！
か じ

도와 주세요!

타스케떼 쿠다사이

助けて　ください！
たす

구급차를 불러 주세요.

큐-큐-샤(케-사쯔)오 욘-데 쿠다사이

救急車(警察)を　呼んで　ください。
きゅうきゅうしゃ　けいさつ　よ

한국어 하시는 분 불러 주세요.

캉-꼬꾸고가 데끼루 카따오 욘-데 쿠다사이

韓国語が　できる　方を　呼んで　ください。
かんこく ご　かた　よ

💬 교통사고가 났어요.

　　코-쯔-지꼬니 아이마시따
　　交通事故に あいました。
　　こうつう じ こ

💬 사람이 쓰러졌어요.

　　히또가 타오레떼 이마스
　　人が 倒れて います。
　　ひと　　たお

💬 비상구는 어디입니까?

　　히죠-구찌와 도꼬데스까
　　非常口は どこですか。
　　ひ じょうぐち

병·질환

💬 이 근처에 병원이 있나요?

코노 치카꾸니 뵤-잉-와 아리마스까

この 近くに 病院は ありますか。

💬 의사 선생님을 불러 주십시오.

오이샤상-오 욘-데 쿠다사이

お医者さんを 呼んで ください。

💬 한국어를 할 수 있는 간호사는 있습니까?

캉-꼬꾸고가 데끼루 캉-고시상-와 이마스까

韓国語が できる 看護師さんは いますか。

💬 다쳤어요!

케가오 시마시따

けがを しました。

💬 여기가 아픕니다.

코꼬가 이따이데스

ここが 痛いです。

💬 갑자기 몸 상태가 나빠졌어요.

큐-니 카라다노 구아이가 와루꾸 나리마시따

急に 体の 具合が 悪く なりました。

💬 기침이 나옵니다.
   세끼가 데마스
   咳が でます。
   せき

💬 현기증이 납니다.
   메마이가 시마스
   めまいが します。

💬 열이 있습니다.
   네쯔가 아리마스
   熱が あります。
   ねつ

💬 한기가 느껴집니다.
   사무케가 시마스
   寒気が します。
   さむ け

💬 감기 걸린 것 같아요.
   카제오 히이따 요-데스
   風邪を ひいた ようです。
   か ぜ

💬 토할 것 같아요.
   하끼케가 시마스
   吐き気が します。
   は け

진찰

💬 어디가 아프세요?

도꼬가 와루이데스까
どこが わるいですか。

💬 언제부터 아프기 시작했어요?

이쯔까라 이타꾸 낫따노데스까
いつから 痛く なったのですか。

💬 여기에 누우세요.

코찌라니 요꼬니 낫떼 쿠다사이
こちらに 横に なって ください。

💬 곧 나을까요?

스구 나오리마스까
すぐ 治りますか。

💬 여행을 계속해도 될까요?

료꼬-오 츠즈께떼모 이이데스까
旅行を 続けても いいですか。

약국

💬 감기약 있어요?

카제구스리 아리마스까

風邪薬 ありますか。
　かぜ ぐすり

해열제	멀미약	위장약	진통제
게네쯔자이	**요이도메**	**이쵸-야꾸**	**이따미도메**
解熱剤	酔い止め	胃腸薬	痛み止め
げねつざい	よ ど	い ちょうやく	いた ど
두통약	소화제	파스	설사약
즈쯔-야꾸	**이구스리**	**십뿌**	**게리도메**
頭痛薬	胃薬	湿布	下痢止め
ず つうやく	い ぐすり	しっ ぷ	げり ど

일본 약국(薬屋)

도쿄 시내를 쭉 둘러보면 약(薬)이라고 적혀 있는 간판을 많이 볼 수 있습니다. 그러나 약(薬)이라고 적혀 있다고 해서 약과 관련된 제품만 판매한다고 생각하면 오산입니다. 일본의 약국은 잡화점에 더 가깝습니다. 예를 들어 창업자의 이름을 딴 '마쯔모토 키요시(マツモトキヨシ)'라는 곳은 대표적인 약국 체인점인데, 안을 둘러보면 약 이외에도 화장품, 생활용품 등 많은 상품이 진열되어 있답니다.

💬 언제 먹어요?

이쯔 노미마스까
いつ 飲みますか。

💬 이 약하고 같이 먹어도 되요?

코노 쿠스리또 잇쇼니 논-데모 이이데스까
この 薬と 一緒に 飲んでも いいですか。

💬 하루에 몇 번 먹어야 하나요?

이찌니찌니 낭-까이 노마나케레바 나리마셍-까
一日に 何回 飲まなければ なりませんか。

💬 하루 세 번, 식후에 드세요.

이찌니찌 상-까이, 쇼꾸고니 후꾸요-시떼 쿠다사이
一日 三回、食後に 服用して ください。

식전
쇼꾸젱-
食前

💬 한 번이면 됩니다.

익까이다께데 이이데스
一回だけで いいです。

Chapter 9
편의시설 이용하기

편지를 한국으로 보내고 싶습니다.

手紙を 韓国に 送りたいんですが。
て がみ　 かんこく　 おく

테가미오 캉-꼬꾸니 오꾸리따인-데스가

여행을 떠난 친구에게 받는 엽서 한 통은 얼마나 반가울까요? 일본의 멋진 풍경을 담아, 그리고 여행의 설레임을 담아 가족과 친구들에게 안부를 전하세요.

편의시설 이용하기

✈ 우체국

일본의 우체국 시스템은 우리나라와 거의 같습니다. 우편, 택배 서비스, 현금 인출, 각종 공과금 수납 등 업무를 보며 토요일과 공휴일은 휴무, 주중은 보통 오전 9시부터 오후 4시까지 근무합니다.

▲ 우리나라와 비슷한 일본 우체국

단, 유동 인구가 많은 역 주변이나 번화가에 위치한 우체국인 경우에는 시간을 연장한다거나 토·일·공휴일인 경우에도 우편창구를 개설하는 경우도 있습니다.

▼ 택배전표가 비치되어 있는 테이블   ▼ 일본의 우체통

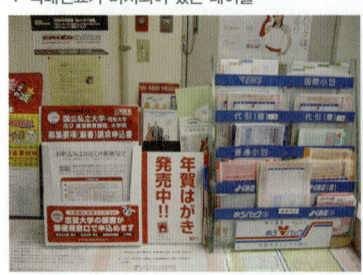 

 은행

일본의 은행 업무 시간은 오전 9시부터 오후 3시까지이며 토요일과 공휴일은 휴무입니다. 만약 여행 중에 돈을 다 써버렸거나 지갑 등을 분실해서 돈이 필요한 경우, 국내 은행의 일본 지점을 이용하시기 바랍니다.

> **외환은행** : 도쿄 지점(03-3216-3561), 신주쿠 지점(03-3208-5211), 오사카 지점(06-6201-2600)
> **국민은행** : 도쿄 지점(03-3201-3411), 오사카 지점(06-6205-7281)
> **기업은행** : 도쿄 지점(03-3586-7304)
> **신한은행** : 도쿄 지점(03-6403-0505), 신주쿠 지점(03-5287-1313), 우에노 지점(03-5812-0505), 요코하마 지점(045-680-5560), 오사카 지점(06-6243-2341), 우에혼마치 지점(06-6767-0506), 고베 지점(078-325-5605), 나고야 지점(052-243-0506), 후쿠오카 지점(092-724-7004)
> **하나은행** : 도쿄 지점(03-3213-0901)

외국인의 경우 외국인등록증이라는 것이 있는데, 그것이 없으면 통장을 만들지 못합니다. 단기 관광객이 발급하는 데 2주 정도 걸리는 외국인등록증을 만들 필요는 없습니다.

▲ 미쯔이 스미토모 은행

✈ 편의점

일본은 편의점이 정말 잘 발달되어 있습니다. 편의점 역사가 우리보다 오래되기도 했지만, 일본에는 대학생-일본은 대학생이 되면 독립하는 학생이 많답니다-, 직장인 등 혼자 생활하는 사람이 무척 많습니다. 혼자 살면 요리가 귀찮아지니 집 근처의 편의점에서 끼니를 해결하려는 사람이 많을 수 밖에요.

▲ 편의점 SUNKUS

▲ 편의점 내부

▲ 편의점 세븐일레븐

▲ 잘 보면 많이 본 듯한 과자도 있죠?

▼ 편의점 안의 잡지 코너

일본 편의점에 가면 우선 벤-또-(弁当:도시락)의 종류가 엄청나게 많은 것에 놀라게 됩니다. 그만큼 도시락을 한 끼 식사로 이용하는 사람이 많다는 이야기겠지요.

또 한 가지, 일본 편의점에서만 볼 수 있는 것은 창가 쪽에 붙어 있는 잡지 코너에 많은 사람, 특히 남자들이 다닥다닥 붙어서 책을 읽는 모습이죠. 주로 흥미 위주의 잡지, 특히 남성들의 호기심을 자극하는 性 관련 잡지들이 많고, 그 내용 또한 한국에서 정식으로 출간되는 잡지에서는 볼 수 없을 정도의 것들이어서 처음 일본에 간 사람은 꽤나 놀랄 지도 모릅니다. 그 밖에 공과금 납부, 택배 서비스, 사진 현상, 복사 업무, 은행 현금 출납에 계좌 이체까지 할 수 있는 일본의 편의점은 단순히 24시간 슈퍼마켓의 기능을 뛰어넘어 하나의 문화로서 정착되어 있는 것이 아닐까 합니다.

중요단어 미리보기

우체국

우체국	등기	속달	소포
유-빙-쿄꾸	카키토메	소꾸타쯔	코즈쯔미
郵便局	書き留め	速達	小包
ゆうびんきょく	かとめ	そくたつ	こづつみ

봉투	우표		엽서
후-또-	킷떼		하가키
封筒	切手		葉書
ふうとう	きって		はがき

편지	편지지	풀	우체통
테가미	빈-셍-	노리	포스또
手紙	便せん	のり	ポスト
てがみ	びん		

항공편	선편	보내다	도착하다
코-꾸-빙-	후나빙-	오꾸루	쯔꾸
航空便	船便	送る	着く
こうくうびん	ふなびん	おく	つ

발신인	수취인	수취인 주소	우편번호
오꾸리누시	우케토리닝-	아테나	유-빈-방-고-
送り主	受取人	あてな	郵便番号
おくぬし	うけとりにん		ゆうびんばんごう

은행

은행	창구	통장	송금
깅-꼬-	마도구찌	쯔-쵸-	후리코미
銀行	窓口	通帳	振込み
ぎんこう	まどぐち	つうちょう	ふりこ

수수료	출금	입금	잔액 조회
테스-료-	히키다시	아즈케이레	잔-다까쇼-까이
手数料	引きだし	預け入れ	残高照会
てすうりょう	ひ	あずい	ざんだかしょうかい

환전	환율	통화	수표
료-가에	카와세레-또	쯔-까	코깃테
両替	為替レート	通貨	小切手
りょうがえ	かわせ	つうか	こぎって

	여행자수표	본점	지점
	토라베라-즈첵크	혼-뗑-	시뗑-
	トラベラーズチェック	本店	支店
		ほんてん	してん

현금	지폐	동전	엔
겡-킹-	시헤-	코-까	엥-
現金	紙幣	硬貨	円
げんきん	しへい	こうか	えん

원	잔돈으로 바꾸다
원-	쿠즈스
ウォン	くずす

편의점

편의점	과자		음료
콤-비니	오까시		노미모노
コンビニ	お菓子		飲み物
	かし		の もの

사탕		스낵	
아메		스낙쿠	
あめ		スナック	

컵라면	삼각김밥	샌드위치	빵
캅뿌라-멩-	오니기리	산-도잇찌	팡-
カップラーメン	おにぎり	サンドイッチ	パン

편의
시설

바로바로 회화

우체국에서

💬 우체국은 어디에 있나요?

유-빙-쿄꾸와 도꼬니 아리마스까
郵便局は どこに ありますか。
ゆうびんきょく

💬 이 근처에 우체통이 있나요?

코노 치카꾸니 포스또가 아리마스까
この 近くに ポストが ありますか。
ちか

💬 편지를 한국으로 보내고 싶습니다만.

테가미오 캉-꼬꾸니 오꾸리따인-데스가
手紙を 韓国に 送りたいんですが。
て がみ　　かんこく　　おく

소포	등기
코즈쯔미	카키토메
小包	書き留め
こづつみ	か と

💬 배편은 얼마나 걸립니까?

후나빈-나라 도레구라이 카까리마스까
船便なら どれぐらい かかりますか。
ふなびん

💬 빠른 우편은 얼마예요?

소꾸타쯔와 이꾸라데스까

速達は いくらですか。
そくたつ

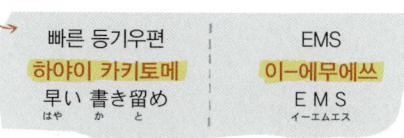

빠른 등기우편	EMS
하야이 카키토메	**이-에무에쓰**
早い 書き留め	E M S
はや か と	イーエムエス

💬 보통 우편으로 해주세요.

후쯔-니 시떼 쿠다사이

普通に して ください。
ふつう

💬 우표 한 장 주세요.

킷떼오 이찌마이 쿠다사이

切手を 一枚 ください。
きって いちまい

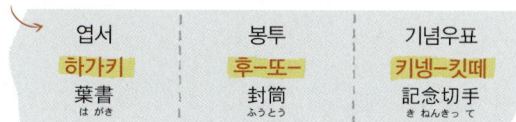

엽서	봉투	기념우표
하가키	**후-또-**	**키넹-킷떼**
葉書	封筒	記念切手
はがき	ふうとう	きねんきって

💬 깨지기 쉬운 것이니까 취급주의 표시를 붙여 주세요.

코와레야스이 모노나노데, 토리아쯔까이츄-이노 타구오 츠께떼 쿠다사이

こわれやすい ものなので、取り扱い注意の タグを つけて ください。
と あつか ちゅうい

은행에서

💬 죄송합니다만 이 근처에 은행이 있습니까?

스미마셍-가, 코노 치카꾸니 깅-꼬-와 아리마스까

すみませんが、この 近くに 銀行は ありますか。

💬 한국은행은 없나요?

캉-꼬꾸노 깅-꼬-와 아리마셍-까

韓国の 銀行は ありませんか。

💬 오늘 환율은 어떻게 됩니까?

쿄-노 레-또와 이꾸라데스까

今日の レートは いくらですか。

💬 여행자수표를 현금으로 바꾸고 싶습니다.

토라베라-즈첵크오 겡-킨-니 시따인-데스가

トラベラーズチェックを 現金に したいんですが。

💬 한국으로 송금을 하고 싶은데요.

캉-꼬꾸니 소-킹-오 시따인-데스가

韓国に 送金を したいんですが。

💬 한국에서 송금을 받으려면 시간이 얼마나 걸리나요?

캉-꼬꾸까라 소-킨-시떼 모라이따인-데스가, 지깡-와 도노구라이 카까리마스까

韓国から 送金して もらいたいんですが、時間は どの
ぐらい かかりますか。

💬 이거 천 엔짜리 다섯 장하고 5천 엔짜리 한 장으로 바꿔 주세요.

코레 셍-엔-사쯔 고마이또 고셍-엔-사쯔 이찌마이데 오네가이시마스

これ 千円札 5枚と 5千円札 1枚で お願いします。

💬 이걸 전부 천 원짜리로 바꿔주세요.

코레오 젬-부 셍-엔-사쯔니 카에떼 쿠다사이

これを 全部 千円札に かえて ください。

편의점에서

💬 컵라면은 어디에 있나요?

캅-뿌라-멩-와 도꼬니 아리마스까
カップラーメンは どこに ありますか。

삼각김밥	도시락	차가운 음료	뜨거운 음료
오니기리	**오벤-또-**	**쯔메따이 노미모노**	**아따따까이 노미모노**
おにぎり	お弁当（べんとう）	つめたい 飲み物（のもの）	あたたかい 飲み物（のもの）
껌	비누	치약	칫솔
가무	**섹켕-**	**하미가키**	**하부라시**
ガム	せっけん	はみがき	ハブラシ

💬 가장 안쪽에 있습니다.

이찌방- 오꾸노 호-니 아리마스
一番 奥の 方に あります。
いちばん おく ほう

💬 이쪽입니다.

고찌라데스
こちらです。

💬 이거 유통기한이 지났어요.

코레 쇼-미키겡-가 키레떼 이마스
これ 賞味期限が きれて います。
しょうみ きげん

💬 이것을 데워 주세요.

코레오 아따따메떼 쿠다사이
これを 温めて ください。

💬 봉지 하나만 더 주세요.

후꾸로오 모- 이찌마이 모라에마스까
袋を もう 1枚 もらえますか。

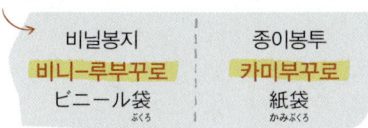

비닐봉지	종이봉투
비니-루부꾸로	**카미부꾸로**
ビニール袋	紙袋

💬 큰 봉지 하나 더 주세요.

오-키- 후꾸로오 모- 이찌마이 쿠다사이
大きい 袋を もう1枚 ください。

💬 영수증을 주세요.

레시-또오 쿠다사이
レシートを ください。

Chapter 10
귀국하기

비행기 예약 확인을 하려고 하는데요.

飛行機の予約を確認したいんですが。
ひこうき　よやく　かくにん
히꼬-끼노 요야꾸오 카꾸닌-시따인-데스가

즐거운 여행이어서 돌아가기가 아쉬운가요? 아니면 두고두고 잊지 못할 재미있는 경험담들을 주위 사람들에게 빨리 들려주고 싶어 어서 돌아가고 싶은가요? 어쨌든 돌아가는 날까지 꼼꼼히 체크해야 할 것을 잊어서는 안 되겠죠!

귀국하기

✈ 비행기 예약 확인

여행사에서 항공권을 구입할 때 항공권이 오픈티켓인지 아니면 정해진 날짜에 맞춰 귀국하는 티켓인지 확인했지요?

만약 정해진 일자에 귀국하는 티켓이라면 현지에서 비행기 예약 확인을 할 필요는 없습니다. 출발 시간 2시간 전에 와서 해당 항공사에 가서 탑승 수속만 밟으면 됩니다.

▲ 나리타공항

그러나 오픈티켓의 경우에는 귀국 일자를 정한 뒤 현지 해당 항공사로 비행기 예약 확인 전화를 해야 합니다.

✈ 탑승 수속

#
티켓팅하기

탑승 수속은 늦어도 탑승 시간 2시간 전에 하는 것이 좋습니다. 탑승 수속을 할 때 수하물 검사대를 통과하는데, 만약 기내로 들고 들어갈 짐밖에 없을 경우에는 줄을 서서 기다릴 필요가 없습니다. 검사대 옆

▲ 탑승 수속

에 서 있는 직원에게 "키나이 모찌코미데스(機内持ち込みです:기내로 가져가는 짐입니다)"라고 하고 여권과 항공권을 보여 주세요. 그리고 바로 탑승 수속 대기줄로 가서 티켓팅을 한 다음, 들어온 쪽과 반대쪽으로 나가 출국장으로 가시면 됩니다.

#
짐 부치기

이코노미 클래스일 경우 화물칸에 부칠 짐은 20kg을 넘지 않도록 잘 정리할 필요가 있습니다.

추가 요금이 부담스러워 양손에 지나치게 많은 짐을 들고 기내로 들어가려는 사람도 있는데, 다른 승객에게 피해를 줄 정도의 짐은 품위 유지를 위해 피하도록 합시다.

귀국하기

중요단어 미리보기

비행기	예약	(재)확인
히꼬-끼	요야꾸	(사이)카꾸닝-
飛行機	予約	(再)確認
ひこうき	よやく	さいかくにん

변경	본인	성함	편명
헹-꼬-	고혼-닝-	오나마에	빔-메-
変更	ご本人	お名前	便名
へんこう	ほんにん	なまえ	びんめい

○○공항	다른 편	다음 편	오전
○○코-꾸-	베쯔노 빙-	쯔기노 빙-	고젱-
○○航空	別の便	次の便	午前
こうくう	べつ びん	つぎ びん	ごぜん

오후	만석	공석	대기자
고고	만-세끼	쿠-세끼	타이키샤
午後	満席	空席	待機者
ごご	まんせき	くうせき	たいきしゃ

짐	기내로 들고 가는 짐	중량 초과	추가 요금
니모쯔	키나이모찌코미	쥬-료-쵸-까	쯔이까료-킹-
荷物	機内持ち込み	重量超過	追加料金
にもつ	きないもちこみ	じゅうりょうちょうか	ついかりょうきん

탑승구	면세점
토-죠-구찌	멘-제-뗑-
搭乗口	免税店
とうじょうぐち	めんぜいてん

 바로바로 회화

비행기 예약 · 확인하기

💬 비행기 예약 확인을 하려고 하는데요.
   히꼬-끼노 요야꾸오 카꾸닌-시따인-데스가
   飛行機の 予約を 確認したいんですが。

💬 이름은 함정수, 2월 5일 101편 서울행입니다.
   나마에와 함정수, 니가쯔 이쯔까 이찌마루이찌빙- 소우루유키데스
   名前は ハンジョンス、2月5日 101便
   ソウル行きです。

💬 2월 5일 오후 3시 비행기 예정입니다만 변경을 하고 싶어요.
   니가쯔 이쯔까 고고 산-지노 히꼬-끼데스가, 헹-꼬-시따인-데스
   2月5日 午後 3時の 飛行機ですが、変更したいんです。

💬 예약을 취소해 주세요.
   요야꾸오 토리케시떼 쿠다사이
   予約を 取り消して ください。

귀국하기

🍵 예약을 부탁합니다.
   요야꾸오 오네가이시마스
   予約を　お願いします。

🍵 빈 자리는 있나요?
   쿠-세끼와 아리마스까
   空席は　ありますか。

🍵 만석입니다.
   만-세끼데 고자이마스
   満席で　ございます。

🍵 그럼 대기자 명단에 올려 주세요.
   데와, 칸-세루마찌오 시마스
   では、キャンセル待ちを　します。

🍵 7일 오후 1시 비행기로 변경해 줄 수 있나요?
   나노까 고고 이찌지노 히꼬-끼니 헹-꼬-시떼 모라에마스까
   7日　午後　1時の　飛行機に　変更して　もらえますか。

🍵 그 다음 비행기는 몇 시예요?
   소노 쯔기노 빙-와 난-지데스까
   その　次の　便は　何時ですか。

공항 이용

💬 대한항공 카운터는 어디인가요?

다이캉-코-꾸-노 카운-타-와 도꼬데스까

大韓航空の カウンターは どこですか。
だいかんこうくう

💬 이것은 기내에 가지고 들어갈 짐입니다.

코레와 키나이모찌코미데스

これは 機内持ち込みです。
きないも こ

💬 짐은 이것뿐이에요.

니모쯔와 고레다께데스

荷物は これだけです。
に もつ

💬 짐 추가 요금은 얼마입니까?

니모쯔노 쯔이까료-킹-와 이꾸라데스까

荷物の 追加料金は いくらですか。
に もつ   つい か りょうきん

💬 친구 옆자리로 해 주세요.

토모다찌또 토나리아와세노 세끼니 시떼 쿠다사이

友達と 隣り合わせの 席に して ください。
ともだち と な あ   せき

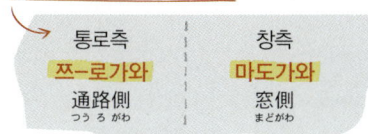

통로측	창측
쯔-로가와	**마도가와**
通路側	窓側
つう ろ がわ	まどがわ

귀국 하기

지은이 함정수
펴낸이 정규도
펴낸곳 (주)다락원

초판 1쇄 발행 2006년 2월 10일
개정 1판 1쇄 인쇄 2014년 1월 21일
개정 1판 3쇄 발행 2016년 5월 15일

책임편집 송화록, 한누리, 임혜련
디자인 조화연, 박선영
일러스트 강진호

다락원 경기도 파주시 문발로 211
내용문의: (02)736-2031 내선 460~466
구입문의: (02)736-2031 내선 250~252
Fax: (02)732-2037
출판등록 1977년 9월 16일 제 300-1977-23호

Copyright ⓒ 2014, 다락원

저자 및 출판사의 허락 없이 이 책의 일부 또는 전부를 무단 복제·전재·발췌할 수 없습니다. 구입 후 철회는 회사 내규에 부합하는 경우에 가능하므로 구입문의처에 문의하시기 바랍니다. 분실·파손 등에 따른 소비자 피해에 대해서는 공정거래위원회에서 고시한 소비자 분쟁 해결 기준에 따라 보상 가능합니다. 잘못된 책은 바꿔 드립니다.

값 8,000원

ISBN 978-89-277-1108-7 13730

사진제공
- JNTO
- 江戸東京博物館
- 북도호쿠 3현·홋카이도 서울사무소
- 여행박사

http://www.darakwon.co.kr

- 다락원 홈페이지를 방문하시면 상세한 출판 정보와 함께 동영상 강좌, MP3 자료 등 다양한 어학 정보를 얻으실 수 있습니다.
- 본책에 담긴 회화 내용은 다락원 홈페이지에서 **MP3 파일(무료)**로 다운로드 받으실 수 있습니다.
- 다락원 Cyber 어학원에서는 〈애니타임 여행일본어〉 동영상 강좌(유료)가 제공되고 있습니다.